Antigua Cartago

Una apasionante guía sobre las civilizaciones fenicia y cartaginesa

Índice

Introducción

En el año 146 a. e. c., bajo el mando de Escipión Emiliano, los romanos completaron la destrucción total de una de las ciudades e imperios más grandes y poderosos de la Antigüedad. Los últimos resistentes, atrincherados en el interior de la ciudad, prendieron fuego a los edificios y se arrojaron a las llamas. Fue el trágico final de una civilización que había controlado gran parte del Mediterráneo y cuya influencia e historia se extendían lejos del centro de lo que un día se convertiría en la nación de Túnez, en el norte de África. La ciudad se llamaba Cartago y su pueblo eran los antiguos cartagineses.

Este libro narra el origen, auge y caída final de Cartago. Se trata de una gran historia en la que intervienen algunos de los personajes y lugares más conocidos del mundo antiguo. La historia de Cartago se ha visto eclipsada durante mucho tiempo por la de su rival más famosa, Roma. Y es a través de los romanos como se conoce gran parte de la historia de Cartago. Sin embargo, gracias a los trabajos arqueológicos modernos y al estudio minucioso de las fuentes antiguas, ha surgido una imagen más completa. Las historias romanas a menudo intentan pintar a Cartago como destinada al fracaso, siempre como el enemigo perpetuo, pero Cartago tuvo muchos éxitos, grandes líderes y una civilización vibrante. Era increíblemente importante para el comercio entre el Mediterráneo oriental y occidental y fue la potencia dominante del Mediterráneo occidental hasta finales del siglo III a. e. c. De hecho, es difícil imaginar que Roma llegara a ser lo que fue sin que el imperio de Cartago abriera primero el camino de las conquistas en el norte de África, Sicilia, la península ibérica e incluso Italia. ¿Recordaríamos

Roma si no fuera por los cartagineses, una rivalidad que engendró la mayor potencia de la antigua Europa, el norte de África y Asia Menor?

Los restos más visibles de esta gran ciudad son unas enormes murallas construidas en el siglo V a. e. c. que, según fuentes antiguas, rodeaban Cartago con una circunferencia de 19 millas (30.5 kilómetros). También podemos ver dos puertos artificiales construidos en el siglo III a. e. c. Uno de ellos albergaba todos los barcos comerciales que entraban y salían de este centro comercial, y el otro era para la poderosa armada de Cartago. Los arqueólogos siguen excavando extensos cementerios.

Los vestigios de esta metrópoli se encuentran ahora en silencio, al norte de la capital tunecina. Los restos envejecidos de hermosos mosaicos dan testimonio de la vida de los ciudadanos, que vivían en grandes propiedades. Las máscaras de terracota indican la importancia del teatro y el entretenimiento para la sofisticada población. Amaban la música, la poesía, el comercio, la comida, el vino e incluso la guerra cuando era necesaria. No eran muy diferentes de sus homólogos de Siracusa, Grecia, Egipto y Roma.

Lo que comenzó como una colonia comercial fundada por los fenicios se convirtió en un poderoso imperio. Pero acabó cayendo en la ruina. Durante el Imperio romano, Cartago se convirtió en una ciudad imperial con un foro y baños; llegó a desempeñar un papel importante en la propagación del cristianismo en el norte de África. Hoy, sin embargo, gran parte de su gloria se ha desvanecido, y los libros de historia tienden a mencionarla solo en relación con el crecimiento de la República romana, pero Cartago fue mucho más que eso.

Capítulo uno: Los fenicios

En las aguas de la costa del actual Líbano, Siria y el norte de Israel vive una variedad de caracoles marinos conocidos en la antigüedad como *murex*. Estos caracoles producen un moco que se utilizaba en la producción de un tipo de tinte púrpura muy apreciado en todo el mundo antiguo y que llegó a significar riqueza y un alto rango. Los pueblos que vivían en esta zona y extraían el tinte púrpura fueron llamados fenicios por los antiguos griegos, lo que significaba el color púrpura o carmesí. En los bosques de estas tierras también crecían cedros. Estos dos productos, el tinte púrpura y la madera de cedro, llegaron a ser muy codiciados en el mundo antiguo.

Los fenicios se convirtieron en ciudades-estado ferozmente independientes y competitivas, muy parecidas a las ciudades-estado de Grecia. Entre estas ciudades destacaban Arwad, Biblos, Sidón y Tiro. No sabemos cómo se llamaban a sí mismos ni si realmente se consideraban un grupo étnico o una nación distinta. Los primeros estudios sobre los fenicios se remontan al siglo XVII y, en general, se creía que su civilización surgió alrededor del año 3000 a. e. c. y que perduró, de una forma u otra, hasta que Alejandro Magno conquistó el Levante en el siglo III a. e. c.

Su poder no se extendía mucho tierra adentro, sino que se centraba en el mar. Fueron una de las primeras potencias marítimas del Mediterráneo oriental y establecieron rutas comerciales entre Asia Menor, Grecia, Egipto y más allá. Establecieron colonias comerciales por todo el Mediterráneo y se los considera la potencia comercial dominante en la zona desde finales de la Edad de Bronce hasta el siglo IX a. e. c. Entre sus grandes logros se encuentra la fundación de una colonia comercial a la que llamaron Cartago, que llegó a ser un gran imperio por derecho propio. Se cree que sus rutas comerciales sentaron las bases de la civilización occidental. Su contribución a la historia mundial no puede subestimarse, ya que incluyó avances en el comercio y la navegación, así como uno de los alfabetos más antiguos del mundo.

¿Se consideraban los habitantes de las ciudades costeras levantinas, a los que los griegos llamaban fenicios, un grupo étnico distinto? ¿Eran, de alguna manera, un pueblo unificado con una historia, una lengua y una cultura compartidas? Desde luego, no eran un reino unificado como los pueblos del Alto Nilo o Mesopotamia, que estaban todos bajo el gobierno de un único faraón o rey. Entonces, ¿se parecían más a las ciudades-estado griegas, que eran independientes, pero compartían un tipo de identidad nacional y unos orígenes históricos comunes? ¿Es más exacto decir que en lugar de que los fenicios fundaran Cartago, Cartago fomentó la idea de que los fenicios fueran una nación para su propio beneficio? Las pruebas son escasas y poco claras.

Hay que distinguir entre las distintas facetas de Fenicia, concretamente el pueblo, el lugar, la lengua y la cultura. La lengua fenicia es una lengua semítica extinguida que hablaban originalmente los habitantes de los alrededores de las ciudades de Tiro y Sidón, en el actual Líbano. Durante la Edad del Bronce tardía y la Edad del Hierro se convirtió en una lengua común para el comercio en el Mediterráneo. Las colonias hablaban sus propios dialectos del fenicio. El púnico era el dialecto fenicio hablado en la ciudad de Cartago, que se cree que fue una colonia comercial fundada por gente de Tiro. La identificación de un pueblo, territorio o cultura fenicios es un poco más difícil de determinar.

Las fuentes griegas nos remiten al ámbito de la mitología para explicar las cosas. Una de las primeras menciones de Fenicia es la historia de Agénor, cuya bella hija, Europa, fue seducida y raptada por Zeus. Según algunas fuentes, Agénor era el rey de Fenicia y vivía en la ciudad de Tiro. Europa estaba recogiendo flores a la orilla del mar y Zeus, que siempre observaba a las mujeres mortales con ojos lujuriosos, decidió que quería tenerla para sí. Se transformó en un toro majestuoso y convenció a Europa para que se subiera a su lomo. Nadó mar adentro y llegó a la isla de Creta.

Agénor encargó a sus hijos que averiguaran qué le había ocurrido a su hija, pero era una tarea imposible, ya que no podían descubrir un secreto que Zeus quería guardar. Uno de sus hijos, Cadmo, viajó a la Grecia continental y fundó la ciudad de Tebas. Las fuentes, sin embargo, confunden la historia y a veces dicen que otro hijo, Fénix, viajó a Levante y fundó una tierra a la que llamó Fenicia en su honor. Además, a veces se dice que Europa era hija de Fénix y no de Agénor.

Aunque las fuentes griegas y romanas identifican claramente a los fenicios como un grupo étnico distinto, parece probable que las personas a las que llamaban fenicios no se consideraran realmente como tales. Los registros históricos, en concreto las estelas de piedra y las lápidas funerarias, parecen indicar que estas personas solían identificarse a sí mismas como pertenecientes a una determinada ciudad. Por ejemplo, si alguien era llamado «hijo de Tiro» significaba que procedía de esa ciudad. Los escritos antiguos hablan de productos finos fabricados por artesanos sidonios o de telas tejidas por mujeres sidonias. Cuando se habla de los fenicios como grupo étnico, se los suele describir de forma negativa, como un pueblo bárbaro, codicioso, sanguinario y afeminado. Pero, por supuesto, estos pensamientos fueron escritos por rivales y enemigos y no deben tomarse como descripciones exactas.

Puede que las similitudes levantinas no sean suficientes para que los habitantes de varias ciudades se consideren una sola nación, pero no por ello dejan de ser notables. Los fenicios eran conocidos por su pericia marítima. Todas las ciudades-estado de Levante tenían características geográficas similares: costa al oeste y montañas al este. Por lo tanto, era natural que recurrieran al mar para ganarse la vida. Mientras los egipcios y los habitantes de Mesopotamia navegaban río arriba y río abajo en sus respectivos barcos de fondo plano, los fenicios inventaron cascos curvos que les permitieron adentrarse en el mar con mayor facilidad. Da la impresión de que desde el principio tuvieron una mentalidad comercial. Recolectaron los caracoles marinos que les proporcionaron el famoso tinte púrpura y obtuvieron la madera de cedro que tan importante se volvió para Egipto y, finalmente, para los asirios.

Sin embargo, los fenicios fueron más allá y viajaron a islas como Chipre, Creta y Kos, donde comerciaban con cobre, hierro, cerámica y estaño. Con Grecia comerciaban con aceitunas. También intercambiaron ideas culturales. Se cree que los fenicios dieron a los griegos la base del alfabeto griego. Además, adoptaron aspectos de otras culturas. El arte fenicio es especialmente ecléctico y a menudo contiene motivos egipcios y griegos. Esto ha llevado a algunos a creer que carecían de un estilo artístico propio, pero una inspección cuidadosa revela que añadían su propio estilo a su arte, a menudo añadiendo cuidadosos detalles simétricos que proclamaban que una obra era claramente fenicia.

En el ámbito de las creencias, la religión fenicia es mucho más específica de una ciudad-estado. Adoraban a Baal, una deidad conocida en todo el Creciente Fértil, especialmente entre los cananeos. Era un dios primario asociado a menudo con la fertilidad. Sin embargo, los fenicios de Tiro, por ejemplo, adoraban al «Baal de Tiro», más conocido como Melqart y también como «Baal de la Roca», que se refiere a uno de los fundadores míticos de Tiro. Una historia cuenta que había dos rocas flotantes frente a la costa de Levante y un olivo en llamas que tenía una serpiente enroscada en el tronco que, junto con un águila en sus ramas, no fueron consumidas por las llamas. Melqart hizo que las dos islas permanecieran en su lugar como favor a la sirena Tiros y fundó allí una ciudad a la que dio su nombre. El lugar donde se alzaba el olivo se convirtió en un santuario de Melqart, a quien se rindió culto en la ciudad durante milenios. Del mismo modo, en la ciudad de Biblos se rendía culto a «Baalat Gubal», o la Dama de Biblos.

Sin embargo, los fenicios también adoraban a El, el padre o rey de los dioses, que a menudo se consideraba equivalente a Cronos de la mitología griega. El dios El era venerado como antepasado de todos los dioses del panteón fenicio, independientemente de la ciudad-estado. Pero eran los dioses directamente asociados a las ciudades-estado los que parecían haber recibido más atención. Melqart estaba oficialmente vinculado a los reyes de Tiro y se utilizaba como medio para ejercer influencia en las lejanas colonias comerciales que no estaban directamente bajo el control del trono. El rey actuaba como prestamista y financiero de los viajes comerciales y las misiones coloniales, pero también era un líder religioso que ofrecía protección divina a cambio de obediencia. Los líderes de las colonias comerciales, llamados «príncipes del mar», que a menudo eran los jefes de empresas mercantiles o familias que poseían una riqueza y un poder extremos, no podían ser dirigidos en los asuntos cotidianos por el rey. Pero a través de la religión, hacían juramentos sagrados, asegurándose de que los príncipes seguían actuando de buena fe.

Independientemente de a quién adoraran los fenicios, el elemento más importante de su religión eran los sacrificios. Debido a la falta de escritos fenicios o púnicos sobre el tema, no sabemos con qué frecuencia ni en qué contexto se realizaban los sacrificios. Una inscripción menciona «el mes del sacrificio del Sol». Pero nada más aporta un contexto más claro. Sin embargo, se sabe que los sacrificios adoptaban muchas formas. Se sacrificaban animales, alimentos, aceite, vino, flores, incienso, estatuas y otros objetos a los dioses. La poca información que existe sobre estas prácticas guarda un gran parecido con los sacrificios mencionados en el Antiguo Testamento de la Biblia.

Los fenicios compartían algunas ideas religiosas, el idioma y los avances tecnológicos, pero se identificaban principalmente con sus ciudades y su familia. Un buen ejemplo de ello eran los habitantes de la ciudad de Tiro. Esta no fue la primera ciudad fenicia en establecer rutas comerciales por el Mediterráneo, pero se convirtió en una de las más conocidas y posiblemente la que llegó más lejos en busca de mercancías. Como ya se ha mencionado, la ciudad fue fundada supuestamente por el dios Melqart y data del III milenio a. e. c. La antigua Tiro constaba de dos comunidades. El asentamiento principal estaba en una isla, que se creía inexpugnable, y era el centro de la riqueza y el comercio. El asentamiento secundario estaba en tierra firme y abastecía a la isla de agua y madera. Los comerciantes tirios se aventuraban hacia el oeste en busca de mercancías, especialmente metales como la plata y el hierro. Llegaron hasta Cádiz, una colonia comercial que fundaron en el siglo XII a. e. c., en lo que hoy es el sur de España, al oeste del estrecho de Gibraltar. La ruta tradicional hacia la península ibérica consistía en ir saltando de isla en isla por el norte del Mediterráneo, pero la ruta de vuelta a casa solía seguir la costa del norte de África hasta el Levante.

Durante muchos años, Tiro fue una ciudad satélite de la ciudad fenicia de Sidón, pero se separó y se convirtió en la ciudad fenicia dominante bajo el gobierno del rey Hiram, mencionado en los libros de Samuel y Reyes de la Biblia hebrea. Se supone que gobernó entre los años 980 y 947 a. e. c. Según la Biblia, Hiram fue un estrecho aliado del rey David de Israel. Hiram ayudó a construir el palacio de David en Jerusalén. El rey tirio continuó la estrecha asociación con el sucesor de David, Salomón, y ayudó a suministrar materiales y obreros para construir el Primer Templo. Se dice que Hiram y Salomón establecieron una ruta comercial hacia una tierra llamada Ofir, que fue una gran fuente de riqueza e hizo muy ricos a ambos reyes. Se ha especulado mucho sobre la ubicación real de Ofir, incluyendo teorías de que se encontraba en Arabia Saudí, India, Sri Lanka o incluso Filipinas.

De los escritos de Josefo, que se dice que cita a Menandro (un dramaturgo griego), se cree que Hiram tuvo que sofocar una revuelta en la ciudad de Útica, una colonia comercial del norte de África. Los uticenses se negaron a pagar el tributo a su ciudad madre, por lo que Hiram tuvo que «reducirlos a la sumisión». Tras la muerte de Hiram, el trono pasó a su hijo, Baal-Eser I, que reinó del 946 al 930 a. e. c. Ocho reyes más gobernaron Tiro después de este hasta que la corona descansó sobre la cabeza de Matán I. Se dice que Matán tuvo dos hijos: un hijo llamado Pigmalión y una hija llamada Dido.

Capítulo dos: Mitos sobre la fundación de Cartago

Ruinas de Cartago

Existen varias fuentes que relatan la fundación de Cartago. La historia principal que ha llegado hasta nuestros días es que el rey de Tiro, Matán I, dejó su reino a su hijo y a su hija. Los habitantes de Tiro decidieron que no les gustaba la perspectiva de que hubiera cogobernantes y apoyaron al hijo, Pigmalión. La hermana del nuevo rey, llamada normalmente Dido, pero a veces Elisa, se sorprendió al descubrir que el autocrático Pigmalión había matado a su marido, tal vez en un intento de encontrar el tesoro de oro escondido de su esposo. Dido pidió entonces astutamente instalarse en el palacio de Pigmalión. Sin embargo, pidió a sus asistentes asignados que arrojaran sacos de arena al océano. Les dijo que las bolsas estaban llenas del oro de su marido y que debían huir con ella o enfrentarse a la ira de Pigmalión. Abandonaron Tiro y llegaron al norte de África, donde fundaron la ciudad de Cartago. Dido fue su primera reina.

Esta historia se considera un mito o leyenda y no es la única historia legendaria relativa a la fundación de Cartago, aunque sí la más popular. En la *Eneida* de Virgilio, el poema épico sobre los viajes del troyano Eneas, el héroe se detiene en Cartago y escucha la historia del asesinato de Pigmalión y la huida de Dido. En este relato, Dido se lleva el tesoro de su marido y compra una parcela de tierra en el norte de África que recibe el nombre de Birsa. Algunas fuentes afirman que *birsa* significa «cuero de buey». Esto hace referencia a la historia de que Dido compró a los bereberes del lugar tierra suficiente para cubrirla con un cuero de buey. Dido hizo cortar el cuero de buey en tiras finas y pudo reclamar una colina entera para su nueva ciudad. Sin embargo, *birsa* en púnico (un dialecto del fenicio) significa «fortaleza». Esto puede haber sido una invención de escritores posteriores porque *birsa* es similar *bursa*, que en griego significa «cuero de buey».

La fecha tradicional para la fundación de Cartago es el 814 a. e. c. Sin embargo, las pruebas arqueológicas sugieren que no estuvo habitada hasta cien años después de esta fecha. En fenicio, Cartago significa «ciudad nueva», y aunque Pigmalión es reconocido como el rey histórico de Tiro, no está claro que la historia de Dido se acerque a la verdad. La explicación más probable es que Cartago se fundó, al igual que su vecina Útica, como una colonia comercial de la que se esperaba que pagara tributo a la ciudad madre de Tiro. Sin embargo, debido a la rivalidad de Cartago con los griegos y, en mayor medida, con los romanos, su fundación ha adquirido una narrativa mucho más grandiosa a lo largo de los milenios.

La ciudad fue elegida cuidadosamente, ya que estaba situada en una península triangular en el golfo de Túnez, con el lago de Túnez a sus espaldas, que proporcionaba abundancia de peces y un fondeadero seguro. La península estaba formada por colinas bajas y ofrecía fácil acceso al mar, así como protección contra algunas de las tormentas más salvajes de la zona. No estaba lejos del estrecho de Sicilia y constituía una zona natural desde la que controlar el flujo de mercancías que entraban y salían del Mediterráneo occidental. Esto indica que los tirios eligieron cuidadosamente el emplazamiento de esta ciudad, al igual que hicieron con otras colonias comerciales en Cerdeña, Sicilia y España.

Según las leyendas, después de que Dido obtuviera astutamente la colina de Birsa, los tirios excavaron para construir los cimientos de la ciudad y desenterraron una cabeza de buey, lo que se consideró una señal de que la ciudad sería próspera, pero siempre esclavizada. Entonces se trasladaron a otro lugar, donde desenterraron la cabeza de un caballo, que se consideró un presagio prometedor.

Según el historiador romano Justino, la creciente riqueza de Cartago atrajo inmigrantes de las colonias fenicias vecinas y de los bereberes cercanos. El rey bereber Iarbas exigió la mano de Dido. Ella se mostró reacia al principio, pero luego aceptó el matrimonio. Hizo que sus ayudantes encendieran una gran hoguera para quemar los recuerdos de su vida anterior en Tiro, pero luego se subió al fuego y se suicidó para poder ser fiel a su difunto marido.

En la *Eneida* de Virgilio, Dido ofrece protección a Eneas y sus seguidores cuando abandonan Troya tras la guerra de Troya. Dido y Eneas se enamoran. Dido está convencida de que se casarán, pero el dios mensajero Mercurio se aparece a Eneas y le dice que debe abandonar Cartago y continuar hacia Italia. Eneas se marcha y Dido, desconsolada, se suicida en una pira funeraria. Eneas puede ver el humo de la pira desde su barco mientras se marcha, pero desconoce el origen del humo. Sin embargo, cree que es un mal presagio. Con su último aliento, Dido pide venganza. Dado que Eneas se casará con la hija del rey latino de Italia y que sus descendientes fundarán la ciudad de Roma, este recurso poético permite presagiar las guerras que acabarán librándose entre Roma y Cartago. Sin embargo, el poema de Virgilio no debe tomarse como una verdad histórica, ya que sin duda añadía un toque dramático a sus versos en lugar de ofrecer un relato exacto de los primeros días de Cartago.

Parece evidente que Cartago fue fundada por colonos tirios en algún momento entre los siglos IX y VIII antes de nuestra era. Cartago no pretendía ser un mero puesto comercial, sino una colonia importante que pudiera formar parte de la ruta comercial desde la península ibérica, al oeste, hasta Levante, al este, y como centro de comercio para el norte de África, Sicilia, Cerdeña e Italia. A diferencia de su vecina Útica, no hay indicios de que Cartago se rebelara contra Tiro. En cambio, Tiro fue perdiendo poder gradualmente tras la dominación asiria de Fenicia y la eventual conquista de la región por Persia. Aun así, los líderes cartagineses viajaban a veces a la ciudad madre para ofrecer tributos y sacrificios al templo de Melqart, que seguía siendo un dios importante en Cartago.

La ubicación de Cartago y su interés por el comercio le garantizaron un éxito temprano. Según las evidencias de los enterramientos, después de solo cien años, Cartago tenía una población cercana a los treinta mil habitantes, mientras que la mayoría de las colonias fenicias tenían poblaciones de alrededor de mil. Pigmalión podría haber sido el rey tirio que envió colonos para establecer la «nueva ciudad», pero no hay pruebas que apoyen o nieguen esta proposición. Parece más probable que fuera un rey de una generación posterior. Sin embargo, esto situaría la fundación de Cartago durante el periodo asirio, cuando los reyes de Tiro eran vasallos que pagaban tributo al Imperio asirio. Hipotéticamente, el rey de Tiro que fundó Cartago podría haber sido Ithobaal II o Hiram II. Por supuesto, se trata de meras especulaciones.

Ni siquiera sabemos cuál creían los cartagineses que era su historia fundacional. Probablemente, la fuente más cercana que tenemos son los escritos de Filón de Biblos, que era un fenicio nacido en el siglo I de nuestra era, cuando Fenicia era una provincia del Imperio romano. Por tanto, vivió cientos de años después del apogeo de Fenicia y la fundación de Cartago. La obra de Filón sobre la historia de Fenicia deriva de la obra supuestamente anterior de Sanjuniatón, un escritor fenicio de una época incierta anterior a la guerra de Troya. Sin embargo, la obra de Filón parece referirse principalmente a la religión y a la idea de que las primeras religiones se centraban en el culto a los héroes y a los elementos naturales. No hay nada que arroje luz sobre la fundación de Cartago.

Así pues, es difícil decir con certeza cuándo se fundó Cartago, quiénes fueron los fundadores, aparte de los ciudadanos tirios, y qué historias contaron los cartagineses sobre su fundación. Si Dido/Elisa fundó la ciudad como una forma de escapar de su hermano, el rey de Tiro, entonces parece poco probable que Cartago hubiera tenido una relación establecida con la ciudad de Tiro. Sería más probable que estas ciudades estuvieran enfrentadas. Es aún más probable que la historia de

Eneas sea completamente ficticia en lo que respecta a los orígenes de la rivalidad entre Roma y Cartago.

Capítulo tres: La colonización y la construcción de Cartago

Hemos establecido firmemente que Cartago fue una colonia establecida por ciudadanos de la ciudad de Tiro. Sabemos que Cartago no pretendía ser una pequeña colonia comercial, sino una gran ciudad destinada a controlar la mayor parte posible del comercio del Mediterráneo occidental. Con mayor o menor frecuencia, los dirigentes de Cartago pagaban tributo a la ciudad de Tiro y hacían regalos al templo de Melqart, el dios fundador de Tiro, que también se convirtió en una deidad importante para Cartago. Sabemos que la elección de Cartago no fue casual, ya que la presencia de la ciudad en una península con puertos naturales era indicativa de colonias fenicias. Cartago, al igual que otras ciudades fenicias, se centraba en el comercio marítimo, pero también tenía acceso a tierras fértiles alejadas de la costa, lo que contribuyó a alimentar a su creciente población. Cartago también se benefició de la presencia del lago de Túnez, que le proporcionaba pescado y un puerto seguro. Aun así, sigue siendo un misterio cómo esta colonia pasó de ser como muchas otras colonias fenicias del Mediterráneo y el Atlántico a convertirse en una potencia imperial y en la mayor de todas las ciudades fenicias.

Según el antiguo historiador Estrabón, Tiro fundó unas trescientas colonias a lo largo de la costa africana. Puede que esta cifra sea una exageración, pero demuestra que Cartago debió de tener muchas más colonias vecinas de las que conocemos. Las colonias fenicias contemporáneas de Cartago más conocidas fueron Cerro de Villar, Los Toscanos y La Fonteta en España, Sa Caleta en Ibiza, Sulcis en Cerdeña, Utica en Túnez, Motia en Sicilia, la isla de Malta y Citio en Chipre. Al principio, Cartago no era más que un eslabón de una cadena que se extendía desde Tiro, en el Levante, hasta Gadir, la actual Cádiz, en el suroeste de España, donde Tiro podía comerciar con la población local a cambio de plata, la moneda más común en aquella parte del mundo en aquella época.

Existe una zona rocosa frente a la costa de España donde los barcos naufragaban a menudo, cerca de un lugar llamado Bajo De La Campana. Un barco en particular es de gran interés. Nada indica que hubiera hecho escala en Cartago, pero dado que era del siglo VII, podría haberse dirigido hacia allí cuando se abrió un agujero en su casco. Se hundió en el fondo del océano. Los arqueólogos llevan años excavando el yacimiento y en los últimos cinco años han revelado descubrimientos prometedores. El barco contenía casi una tonelada de metal: estaño, cobre y plomo procedentes de minas de España, Cerdeña y Chipre. Los investigadores descubrieron una gran cantidad de cerámica, el recipiente preferido en la antigüedad. Llevaban a bordo un altar de piedra caliza, tallado por un escultor de talento y quizá destinado a un templo. También había contrapesos de plomo y bronce, que se utilizarían en el pesaje de artículos para vender, comprar y embarcar. Descubrieron un peine de madera, ámbar y piezas de alabastro. También había un surtido de frascos de perfume, urnas y jarras. Se encontraron pruebas que apoyan la idea de que los fenicios podrían haber sido los primeros en utilizar brea para sellar sus barcos. El barco contenía incensarios, lámparas de aceite y muebles finos con patas de bronce. También había colmillos de elefante y huevos de avestruz, prueba de un animado comercio con el norte de África.

Cartago habría participado directamente en el comercio de estos objetos. En la vasija había ofrendas votivas de colmillos de elefante con inscripciones religiosas fenicias. Estos colmillos deberían haber estado en un santuario, pero su presencia en el barco indica que los sacerdotes de dioses como Ashtarti (Astarté), una diosa del amor y la fertilidad del panteón cananeo, y Eshmún, un dios fenicio de la curación que era sagrado para los habitantes de Sidón, podrían haber estado vendiendo ofrendas como estas en lugar de dedicarlas a sus santuarios como creían sus adoradores.

En la época en que se hundió este barco, Cartago era una ciudad grande y bulliciosa. La ciudadela de la ciudad se había establecido en la colina de Birsa, y se habían construido murallas alrededor del extremo de la península, lo que la hacía muy defendible en caso de asedio. Cartago, al igual que otras colonias fenicias, se centraba principalmente en el comercio y actuaba como estación de pesaje para los barcos procedentes de occidente. También era un puerto que exportaba marfil, oro, huevos de avestruz y esclavos de África. La esclavitud formaba parte de la sociedad fenicia, por lo que también formaba parte de Cartago. Los fenicios eran conocidos por comprar o capturar esclavos de Asia Menor y venderlos a egipcios y griegos. El comercio de esclavos en el Mediterráneo ya estaba bien establecido en la época en que se fundó Cartago, y los esclavos procedían de todos los rincones del mundo conocido y eran enviados a tierras que les eran ajenas.

Durante la invasión asiria de Tiro y el posterior sometimiento de la ciudad, muchos nobles tirios huyeron de su ciudad natal y se marcharon a colonias lejanas para continuar una vida libre de la influencia imperial. Una de las ciudades a las que huyeron fue Cartago.

Los fenicios también tenían una nueva competencia en el Mediterráneo oriental: los griegos. Estos últimos, que habían aprendido del alfabeto fenicio y habían adoptado la tecnología fenicia en sus barcos, navegaban ahora por las mismas aguas que antes habían utilizado predominantemente los fenicios. Pero también había otras potencias en expansión. En Italia, los etruscos extendieron su influencia, y lugares como Sicilia, antes controlada por los fenicios, estaban ahora en juego. Los fenicios siguieron avanzando. No hay duda de que pasaron las Columnas de Hércules, el estrecho de Gibraltar y el Atlántico. Se ha especulado que llegaron hasta Gran Bretaña para conseguir estaño y que podrían haber navegado por la costa occidental de África. En fuentes no verificadas incluso se sugiere vagamente que los fenicios conocían una tierra al otro lado del mar occidental, aunque esto parece muy inverosímil.

Esencialmente, lo que se desarrolló en Cartago tras su fundación fue una nueva identidad. Como en muchas otras ciudades de la época, desde el principio fue importante establecer quién era ciudadano y quién no. La lógica dictaba que cualquier familia importante procedente de Tiro habría sido la primera entre los ciudadanos. Se desconoce la naturaleza exacta de la política en Cartago, pero dado que era una colonia, sin duda seguía el modelo de Tiro. Sin embargo, sabemos que el gobierno de Cartago era en gran medida una oligarquía y no una monarquía como en Tiro. Quizá porque el rey siempre estaba en Tiro y sus representantes en las colonias. Aristóteles elogió a los cartagineses por su gobierno y dijo que la oligarquía debía de ser benévola porque duró tantos siglos sin que un déspota tomara el control o se produjera un levantamiento de las masas.

Al igual que la República romana posterior, Cartago estaba gobernada por dos magistrados, llamados *suffetes*. Por debajo de ellos había un senado de veintiocho miembros, posiblemente extraídos de un cuerpo mayor de trescientos. Este senado podía declarar la guerra, reclutar tropas y nombrar generales. Con el tiempo, se convertiría en la rama más poderosa del gobierno cartaginés.

En Cartago comenzó a desarrollarse un nuevo dialecto fenicio llamado lengua púnica. Este nombre no era, por supuesto, el que los cartagineses daban a su lengua; eso, por desgracia, se desconoce. Los romanos llamaban púnico a todo lo relacionado con Cartago. A los cartagineses los llamaban *Poeni*, probablemente por su ascendencia de los fenicios. Así, todo lo relacionado con ellos era *punicus*, lo que conocemos como púnico.

La lengua que hablaban los cartagineses hace tiempo que murió, así que nadie sabe exactamente cómo era. Hay algunos ejemplos que sobreviven en la comedia de Plauto llamada *Poenulus* o *El pequeño cartaginés*. Casi todos los escritos e inscripciones púnicos fueron destruidos, pero en el siglo V e. c. aún se hablaban vestigios de la lengua. Debido a la pérdida de gran parte de la lengua, hay más especulaciones que pruebas concretas sobre cómo era la lengua púnica. Algunos académicos han llegado a sugerir que el púnico podría tener un gran parecido con el árabe. Otros han sugerido que la lengua de Malta es similar a la púnica. Al parecer, en la isla de Malta hay un dicho cartaginés que reza: «La peste necesita una pieza de plata; dale dos y te dejará en paz».

En los siglos VIII y VII a. e. c., Cartago se convirtió en una potencia regional por derecho propio. Alrededor del año 753 a. e. c., la leyenda cuenta que se formó una nueva ciudad en el centro de Italia, a orillas del río Tíber. Se llamaba Roma. Miles de años después de los hechos, es evidente que estas dos ciudades estaban en rumbo de confrontación. Pero en ese momento, Cartago era claramente la mayor de las dos en población, influencia y riqueza. Si alguien en Cartago estaba al tanto de la formación de Roma, probablemente no le prestó mucha atención. Más bien, Cartago estaba más al tanto de los vecinos de Roma, los etruscos, y de la expansión de los griegos.

En el siglo VI a. e. c., Cartago recibía noticias inquietantes de su ciudad madre, Tiro. El Imperio neobabilónico, a veces llamado Imperio caldeo, conquistaría a los asirios y se haría con el control de Fenicia. En 583 a. e. c., los babilonios sitiaron Tiro. El asedio duró trece años y terminó con una victoria parcial de los babilonios. Lo más probable es que Tiro tuviera que pagar tributo y ceder el control de parte del poder de la ciudad en el Mediterráneo. Los babilonios tenían su propia flota y eran conocidos por participar en batallas navales, pero su fuerza obviamente no era tan grande como para impedir que Tiro recibiera suministros durante los primeros trece años del asedio. La ciudad siguió adelante. Pero se desconoce hasta qué punto esto afectó a Cartago.

De hecho, podría incluso haber ayudado a Cartago, ya que muchos tirios probablemente huyeron de su ciudad natal y emigraron a Cartago. Esta también podría haber estado enviando suministros a Tiro para ayudar a su pueblo a sobrevivir durante esos trece años. Al parecer, Cartago tenía mucho que dar a la ciudad madre, pero no sabemos si abastecía a Tiro gratuitamente. Dadas las inclinaciones comerciales del pueblo fenicio y el hecho de que Tiro no estaba en posición de exigir nada a Cartago, es posible que Cartago utilizara la situación en su beneficio, no necesariamente de forma maliciosa, sino simplemente para extender su independencia y beneficiar a los ciudadanos de la creciente ciudad.

Cartago se separó de la ciudad madre en muchos aspectos, pero sobre todo en la religión. Melqart había sido la deidad suprema de Tiro, pero tenía menor importancia en el panteón cartaginés. Los dioses principales de Cartago eran Baal Hammon y Tanit. Baal Hammon, cuyo nombre podría significar algo así como «Señor de los Hornos», era un dios poderoso que imponía una devoción extrema. Su consorte, Tanit, era tan importante como él. Su símbolo, una figura extendida, aparece en todos los lugares donde Cartago dejó huella.

Monumento de piedra con el símbolo de la diosa Tanit

El símbolo de Baal Hammon es el de la luna creciente. Para apaciguar al dios, los nobles de Cartago debían ofrecer sacrificios. Las fuentes griegas afirman que los cartagineses practicaban el sacrificio de niños. Esto se consideró durante mucho tiempo una calumnia griega contra un enemigo hasta el descubrimiento de un tofet cartaginés.

Un tofet es el lugar donde podrían haberse realizado sacrificios de niños y donde se entierran los restos de los sacrificios. El tofet de Cartago muestra indicios de que estuvo en uso durante cientos de años. Se sabe que las ciudades fenicias del Levante practicaban el sacrificio de niños, pero parece que mucho después de que abandonaran esta práctica, Cartago seguía entregando niños a Baal Hammon.

Los trabajos arqueológicos realizados en un gran tofet a las afueras de Cartago indican que algunos de los niños nacieron muertos y que algunos de los restos eran en realidad animales. Sin embargo, las urnas de siglos posteriores contenían niños de tres o cuatro años. Hay estelas que indican que estos sacrificios se realizaban en tiempos de gran peligro y que los niños sacrificados procedían de los rangos más altos de la sociedad cartaginesa. Las inscripciones hacen hincapié en explicar que el sacrificio procedía de una familia noble y que el niño era de su carne, no un sustituto. El método de sacrificio no está claro, pero las fuentes griegas indican que las jóvenes víctimas morían quemadas, lo que se correlaciona con la idea de Baal Hammon como el señor de los hornos.

Se cree que Cartago llevó a cabo sacrificios de niños a lo largo de toda su historia. Esto parecería bárbaro a cualquier persona moderna, pero es importante tener en cuenta que los cartagineses realmente creían que necesitaban sacrificar a estos niños para proteger su gran ciudad. Debe haber requerido una determinación sobrenatural para llevar a cabo un acto tan horrible. Al igual que Abraham en la Biblia estaba dispuesto a matar a su hijo con sus propias manos, los cartagineses estaban dispuestos a sacrificar lo que más querían por el bien de su ciudad y su pueblo. Sin embargo, dicho todo esto, se trata de una práctica horrible y es difícil dejarla de lado por considerarla parte de su cultura, al igual que es un error dejar de lado la esclavitud por considerarla parte del mundo antiguo. En retrospectiva, sabemos que esos sacrificios no salvaron a Cartago de la destrucción.

En los fuegos del horno de Baal Hammon, Cartago forjó una nueva identidad, una que se alejaba de Tiro. Los cartagineses estaban preparados para despojarse del manto de colonia y convertirse en capital y centro de un imperio en expansión. Mientras las luces de Fenicia se apagaban, el sol cartaginés resplandecía en el horizonte. Esta nueva entidad necesitaba tierra, poder y bienes. No se crearía a imagen de su progenitora, Tiro, sino a imagen de los asirios y babilonios, que se habían hecho con el control del Levante. Cuando los babilonios, bajo el mando de Nabucodonosor II, finalmente ganaron el asedio de Tiro después de trece agotadores años, el rey de Tiro, Baal II, gobernó como vasallo de los babilonios.

Sin embargo, esto no fue lo que condujo al declive definitivo del poder fenicio en el Mediterráneo. Más bien fue el declive de la demanda de metales como el estaño, el cobre y, sobre todo, la plata. Las grandes rutas comerciales fenicias que iban del Levante a la península ibérica se vieron interrumpidas. Muchas colonias fueron abandonadas. Islas como Cerdeña, que tanto habían dependido de la extracción y venta de metales a los hambrientos mercados orientales, se sumieron en el caos. El registro arqueológico muestra que muchas ciudades no solo fueron abandonadas, sino también incendiadas, lo que indica que hubo conflictos entre las colonias y los pueblos indígenas. Cada vez eran menos los barcos que navegaban por las rutas de Oriente Próximo a España o de España al norte de África.

Sin embargo, Cartago no se vio tan afectada, probablemente debido a sus inversiones en las rutas comerciales que no se dirigían de este a oeste, sino de sur a norte. Cartago comerciaba con una gran variedad de mercancías desde el norte de África hasta el norte del Mediterráneo y viceversa. Como los cartagineses no competían con los fenicios, su repentina ausencia resultó ser la apertura que necesitaban para expandirse.

Capítulo cuarto: Expansión, independencia y condición de imperio

El siglo VII a. e. c. fue testigo de la expansión de Cartago. Ya no era una ciudad, sino que abarcaba una amplia zona de lo que hoy es el norte de Túnez. Cartago controlaba tierras de cultivo, recursos naturales y varias ciudades. Comerciaba con los bereberes e intercambiaba con ellos costumbres e ideas. Cartago se estaba convirtiendo en el centro de la cultura púnica, que se basaba en gran medida en sus orígenes fenicios, pero desarrolló características únicas propias.

Se han encontrado restos arqueológicos de algunas de las pequeñas ciudades de la nueva nación de Cartago. Las ciudades estaban trazadas en forma de cuadrícula, aunque solo tuvieran unos mil habitantes. En el centro de cada ciudad había un templo, aunque el dios o dioses a los que se rendía culto probablemente variaba de una ciudad a otra. Los templos solían ser los mayores empleadores locales, con sacerdotes a tiempo completo y parcial, así como músicos, barberos, cantantes y cocineros para los banquetes rituales. Algunos templos también practicaban la prostitución sagrada. Las casas eran pequeñas y solían construirse alrededor de peristilos al estilo griego y, más tarde, romano. Las casas solían tener hornos empotrados para hacer pan y lavabos empotrados en pequeñas habitaciones entre la puerta exterior y la zona de estar, lo que indica que podía ser habitual lavarse antes de entrar en la casa.

Los alrededores de Cartago eran famosos por sus huertos de peras, albaricoques, almendras, pistachos, higos y granadas, que los romanos llamaban manzanas púnicas. En la actualidad, el clima del norte de Túnez es generalmente templado, con inviernos húmedos y veranos secos y calurosos. En la antigüedad era suficiente para mantener a la creciente población de Cartago y las ciudades de los alrededores. Las investigaciones arqueológicas demuestran que los cartagineses disfrutaban de una dieta variada a base de cebada, pescado, frutas, frutos secos, ganado y mucho más. Las tierras del interior también eran boscosas y podían proporcionar materiales para la construcción de barcos.

Gran parte de la construcción naval y su mantenimiento se realizaba en dos *cothons* de Cartago. Un *cothon* es un puerto artificial construido cerca del mar, pero conectado a través de un canal artificial. Estos elementos se asociaban a menudo con la construcción fenicia. Cartago tenía dos cotones. El primero era rectangular y lo utilizaban los barcos mercantes. El segundo era circular y solo lo utilizaba la poderosa armada cartaginesa. Estos puertos artificiales estaban rodeados de dársenas. El *cothon* circular tenía una isla en el centro, donde el almirante jefe de la armada podía permanecer y pasar revista a sus barcos y hombres.

Se desconoce la fecha exacta de su construcción, pero debió de ser una labor ingente en la que trabajaron miles de obreros durante largas jornadas removiendo toneladas de tierra, arena y roca. Los puertos debían ser lo bastante profundos para albergar navíos de gran casco y lo bastante grandes para alojar cientos de barcos a la vez. Son un testimonio de las habilidades de ingeniería de Cartago. Los únicos restos visibles de la antigua Cartago son lo que queda de las murallas y los restos de los puertos artificiales.

Dos expediciones cartaginesas atravesaron las Columnas de Hércules (estrecho de Gibraltar) en algún momento antes del siglo V a. e. c. La primera fue supuestamente dirigida por un capitán llamado Himilcón, que navegó hacia el Atlántico y luego viró hacia el norte con un pequeño grupo de barcos, muy probablemente en busca de fuentes de materias primas que se sabía que existían en la península ibérica. Sin embargo, la flota de Himilcón pasó la península y llegó a las costas de la Galia, la actual Francia, tras un viaje de cuatro meses en el que se produjeron terribles encuentros con monstruos marinos. En Portugal conocieron a los «oestrimnios», que al parecer mantenían relaciones comerciales con las islas vecinas para obtener estaño y plomo. Los cartagineses también visitaron Gran Bretaña e Irlanda antes de regresar a casa.

Otra expedición, esta de mucha mayor envergadura, fue dirigida por un hombre llamado Hannón y en ella participaron 65 barcos de remos con treinta mil hombres y mujeres. Muchos de ellos eran colonos que fueron apostados a lo largo de la costa de los actuales Marruecos y Mauritania para establecer colonias cruciales en la zona. Parece probable que este fuera el principal objetivo del viaje de Hannón, pero este continuó por el Atlántico y se dirigió hacia el sur por la costa occidental de África. Fueron al delta del Níger, presenciaron volcanes activos y vieron una montaña llamada «Montaña de la Grandiosidad», que muy probablemente era el monte Camerún. En lo que un día sería Gabón, se encontraron con salvajes cubiertos de pelo, que probablemente eran chimpancés. No consiguieron capturar ningún macho, pero sí tres hembras; sin embargo, se vieron obligados a matarlas debido a la ferocidad con que se resistieron a sus captores. Según la leyenda, las pieles de estas hembras se expusieron en el templo de Tanit de Cartago hasta que los romanos destruyeron la ciudad.

En el año 539 a. e. c., Ciro el Grande del Imperio persa atacó y conquistó las ciudades de Fenicia. Tiro cayó en manos de los persas, y muchos más tirios huyeron a Cartago y otras ciudades. En el mismo siglo, una sola familia llegó a dominar la política cartaginesa y se hizo con el control del ejército. Se los conocía como los magónidas, y controlaron la ciudad y el floreciente imperio desde el siglo VI hasta el IV a. e. c. El primer jefe de esta familia suele recibir el nombre de Mago I. En las historias griegas, se lo estiliza como rey, pero Cartago no tenía monarquía. Parece ser que el poder del que gozaban los magónidas era asignado por el Consejo de Ancianos. En la misma época en que Tiro perdía su independencia, Mago envió a sus hijos, Asdrúbal y Amílcar, a Cerdeña. Asdrúbal murió, pero Amílcar pudo asegurar la mitad sur de la isla para Cartago.

Sin embargo, no se trató de una verdadera conquista, sino más bien de un esfuerzo por mantener y mejorar las importaciones de Cerdeña, de la que Cartago dependía para sus productos agrícolas y materias primas. Cartago fundó dos nuevas ciudades en Cerdeña: Caralis (actual Cagliari) y Neápolis. En Cerdeña se rendía culto a Melqart, una importación cultural de Tiro que se convirtió en una conexión entre la cultura cartaginesa y la nueva cultura púnica de Cerdeña. Los asentamientos de la isla eran en gran medida autónomos, pero Cartago se involucró cada vez más en sus asuntos y envió colonos de Cartago a las nuevas ciudades. Los asentamientos se convirtieron en fortalezas fortificadas que controlaban el campo a su alrededor.

Cerdeña es un excelente ejemplo de los diversos métodos utilizados por Cartago para expandir su imperio. Durante los siglos VI y V a. e. c., las ciudades púnicas de Cerdeña empezaron a florecer gracias en gran parte a sus conexiones con Cartago. La población indígena de la isla quedó más aislada y fue empujada hacia regiones montañosas. Las ciudades púnicas de Cerdeña empezaron a producir artículos de lujo como amuletos, joyas, estatuillas, quemadores de perfume y máscaras, que se exportaban a todo el Mediterráneo. Algunas de las élites de Cerdeña recibieron incluso la ciudadanía cartaginesa honoraria. Aunque las ciudades estaban gobernadas por autoridades municipales independientes, Cartago seguía dominando la isla. Supuestamente, los cartagineses destruyeron todos los árboles frutales de Cerdeña y prohibieron que se plantaran más porque no encajaban con su necesidad de que Cerdeña produjera grano.

Tanto o más importantes que los fértiles campos y las pequeñas minas de oro de Cerdeña eran las minas de la península ibérica. Cartago deseaba controlar el comercio de estaño del noroeste de España. El bronce, el principal metal de la época, se fabricaba con cobre mezclado con estaño, y ningún lugar de la antigüedad proporcionaba más estaño que Iberia. Mediante el establecimiento de alianzas comerciales y la fundación de asentamientos en el sur de Iberia, y manteniendo en secreto la ubicación de las minas de estaño, Cartago fue capaz de establecer un monopolio sobre el estaño que se extraía de la zona. Cartago utilizó su poder e influencia para poner a líderes agradables a cargo de los distintos pueblos que comerciaban con estaño, asegurándose de que solo la ciudad pudiera comprarlo a bajo costo y venderlo al resto del Mediterráneo al precio que quisiera. Esta práctica y la mano dura con la que a veces actuaba Cartago provocaron la antipatía de algunos en Iberia hacia la dominación cartaginesa. Este hecho resurgiría durante las guerras con Roma.

Para Cartago, sin embargo, el control del mercado del estaño los hizo excepcionalmente ricos y poderosos. Si no podían reclutar soldados y marineros que velaran por sus intereses, podían pagar a mercenarios para que se encargaran del trabajo. Esta era una práctica muy común en la antigüedad. De hecho, el ejército cartaginés entre los siglos VI y V pasó de ser una milicia ciudadana a una potencia militar internacional formada principalmente por mercenarios extranjeros.

Se dice que una vez que Ciro el Grande conquistó Fenicia, los persas se interesaron por atacar directamente a Cartago, posiblemente debido a su monopolio sobre el estaño y su férreo control del mercado de la plata. Para que Persia pudiera atacar Cartago, necesitaría una gran armada para transportar a los soldados. Sin embargo, la armada persa estaba dirigida casi en su totalidad por fenicios y utilizaba barcos fenicios. Los fenicios se negaron a participar en cualquier intento de conquistar Cartago, que originalmente era una colonia fenicia. Los persas se vieron obligados a ceder y renunciar a la idea. Entonces dirigieron su atención hacia los griegos, que iniciarían una contienda que cambiaría el mundo antiguo.

Las redes comerciales de Cartago se extendían incluso más allá de su presencia física. Del otro lado del Sahara, obtenían sal, oro, pieles de animales y pavos reales. Desarrollaron el sistema de subastas para comerciar con sus vecinos africanos. Comerciaban con ámbar, plata y pieles con los celtas, celtíberos y galos. Córcega tenía minas de plata y oro. Malta y las Baleares producían en masa productos que se enviaban a Cartago y luego se vendían en puertos de todo el Mediterráneo. Cartago vendía suministros básicos a las comunidades pobres, desplazando a menudo a los fabricantes locales, pero también producía artículos de lujo de gran calidad que vendía a griegos y etruscos.

Según Aristóteles, Cartago también reforzaba sus colonias extranjeras enviando continuamente nuevos colonos. Estos colonos trajeron consigo la cultura y las prácticas comerciales púnicas. Los asentamientos cartagineses producían el tinte púrpura y los bienes de lujo conocidos en toda la región, y estos bienes viajaban a lo largo de las rutas comerciales que controlaba Cartago. Una vez más, según Aristóteles, Cartago enviaba a estos asentamientos lejanos a aquellos descontentos y a quienes tenían problemas con los dirigentes de Cartago. De este modo, Cartago evitaba las guerras civiles y las luchas políticas internas, habituales entre las naciones de la época. Los colonos gozaban de independencia y de un estatus superior como ciudadanos de Cartago que vivían en una colonia. Aunque esto podría haber socavado parte del control de Cartago sobre sus colonias, resultó ser una estrategia ganadora durante cientos de años, a medida que Cartago y sus colonias crecían.

En 509 a. e. c., Cartago firmó un tratado con la nueva potencia del centro de Italia: la República romana. Cartago ya comerciaba con los etruscos y los romanos querían asegurar sus intereses comerciales. Al mismo tiempo, Cartago mantenía una lucha con las potencias griegas occidentales y quería rodear las colonias griegas del sur de Italia para llegar al resto de la península. El tratado estableció una relación amistosa entre las dos ciudades. Los barcos romanos no podían entrar en el golfo de Cartago a menos que se vieran obligados a hacerlo por las tormentas, y solo podían comprar los suministros necesarios para salir de la zona. Los mercaderes romanos podían operar en Cerdeña y Libia, pero solo bajo la supervisión de un funcionario del estado. Cartago acordó no atacar las ciudades controladas por Roma ni construir fortalezas en el Lacio. Los cartagineses no podían pernoctar en el Lacio si iban armados. En la Sicilia cartaginesa, los romanos tenían los mismos derechos que los cartagineses. Este tratado era esencialmente una promesa hecha por cada parte de no atacar directamente a la otra, dejando a Roma abierta a luchar contra los etruscos y los griegos en Italia y dejando a Cartago libre para luchar contra los griegos en Sicilia y en otras partes del Mediterráneo occidental.

Para entonces, la ciudad de Cartago era enorme. Contaba con cuatro barrios residenciales que rodeaban la colina de Birsa, un gran teatro, un mercado, una necrópolis y grandes templos a Tanit y Baal Hammon. Los aristócratas de la ciudad, que controlaban el poder comercial y militar, vivían en vastos palacios. Había una clase media de mercaderes menores y extranjeros que vivían en casas modestas pero bonitas, y luego la clase baja, que vivía en apartamentos y chozas fuera de las murallas de la ciudad. Cartago era como una enorme araña en medio de una compleja telaraña que se extendía a su alrededor y abarcaba todo el Mediterráneo occidental. Cada puerto y cada persona estaban influidos por lo que algunos historiadores han denominado el Imperio cartaginés. Sin embargo, es difícil poner a Cartago en la misma categoría que las potencias imperialistas de Asiria, Babilonia, Persia o Macedonia.

El Imperio cartaginés, si es que puede llamarse así, no era uniforme. Cuando los persas conquistaban una región, solían poner sátrapas persas, o gobernadores, para hacer frente a cualquier desafío al dominio persa. Había guarniciones de tropas persas estacionadas en todas las ciudades bajo el dominio del imperio. Siglos más tarde, Alejandro Magno haría prácticamente lo mismo: a veces fundaba ciudades, a las que solía dar su nombre, y las poblaba con lugareños y veteranos macedonios y griegos. Cuando los romanos conquistaban una ciudad, casi siempre introducían programas de construcción masiva para que se pareciera a cualquier otra ciudad romana, con un foro, un anfiteatro y templos a los dioses romanos. Sin embargo, Cartago no aplicó este mismo método.

En su lugar, los cartagineses dejaron en gran medida ciudades y regiones independientes, pero las hicieron dependientes de Cartago a través de alianzas y tratados. Estas ciudades tratarían con Cartago en asuntos comerciales, mientras que Cartago les ayudaría en la mayoría de los asuntos militares.

El ejército cartaginés, por tanto, debía mantener una gran movilidad. Se necesitaba una armada para proteger a los barcos comerciales en una gran parte del Mediterráneo. En un principio, estos eran los puntos fuertes de Cartago, ya que no necesitaba dispersarse demasiado para mantener en orden todas las partes de su «imperio». Sin embargo, esto significaba que ciertas zonas podían convertirse en un punto débil si se veían amenazadas por otra potencia o si querían liberarse del control cartaginés.

Capítulo cinco: Las guerras sicilianas

En el siglo VI a. e. c., Cartago mantuvo una alianza con los etruscos, pero siempre recelosa de las acciones de los griegos, que estaban colonizando rápidamente el sur de Italia y Sicilia en lo que se conoció como *Magna Grecia* o Gran Grecia. Los etruscos fueron incapaces de detener los esfuerzos colonizadores, y los griegos acabaron asentándose en las islas de Cerdeña y Córcega. Un grupo de griegos focenses, originarios de Anatolia, formaron una colonia en Massalia, en el sur de Francia, y en Alalia, en Córcega.

En el 540 a. e. c., Cartago conquistó gran parte de Cerdeña y tuvo problemas con los colonos griegos de Sicilia. Los focenses empezaron a atacar a los barcos cartagineses y etruscos cerca de Córcega, llevándose la carga y matando a los marineros. Cartago y Etruria enviaron unos 120 barcos para detener a los piratas focenses, que solo contaban con 60 naves para defenderse. Todos los barcos que participaron en la batalla naval eran *pentecónteros*. Estos barcos podían tener más de 100 pies de eslora y 20, 50 o incluso 120 remos. La pequeña fuerza griega pudo ganar la batalla, pero a un alto costo, ya que perdió casi dos tercios de su propia flota.

Con una flota muy dañada, los focenses, sabiendo que no podrían resistir otra batalla, se vieron obligados a abandonar Córcega. Así pues, fue una victoria estratégica para Cartago, que conservó Cerdeña mientras que los etruscos se hicieron con el control de Córcega. Aunque griegos y cartagineses habían tenido muchas escaramuzas, esta fue la primera batalla a gran escala y estableció la desconfianza en ambos bandos. Estas tensiones se trasladaron al lugar donde cartagineses y griegos ya luchaban por el control: Sicilia.

En algún momento del siglo VI nació un príncipe espartano llamado Dorieo. Era el segundo en nacer y se sintió insatisfecho con su suerte en la vida. Así que pidió apoyo a Esparta para intentar fundar una colonia en el oeste. Primero intentó asentarse en Libia, pero fue expulsado por una tribu local, que contaba con el apoyo cartaginés. Entonces puso sus miras en Sicilia occidental, que, según le dijeron, pertenecía a los descendientes del héroe Hércules. Dorieo creía ser uno de esos descendientes. Allí fundó una colonia llamada Heraclea. Sin embargo, la colonia fue atacada por un pueblo indígena de Sicilia llamado Segesta, que contaba con la ayuda de Cartago. El príncipe Dorieo fue asesinado en 510 a. e. c. Su hermanastro mayor, el rey de Esparta, murió sin descendencia, por lo que el trono habría pasado a Dorieo. Pero como este murió, el trono pasó a Leónidas I, famoso por su última batalla en las Termópilas en 480 a. e. c.

La situación en Sicilia era más compleja de lo que podría parecer a primera vista. En esencia, había cuatro facciones diferentes que, en ocasiones, competían o se aliaban entre sí. En primer lugar, estaban los indígenas de Sicilia, que a menudo se aliaban con otra facción, los cartagineses. Los griegos formaban dos grupos distintos: los jonios y los dorios. Estos dos bandos formaban parte de una antigua rivalidad que se originó en la Grecia continental cientos de años antes, cuando eran tribus separadas. Los dorios solían proceder del Peloponeso, mientras que los jonios procedían del Ática y Asia Menor. En Sicilia, estos dos grupos competían a menudo entre sí. Esto significaba que las ciudades griegas a menudo luchaban entre sí.

Con el tiempo, sin embargo, las ciudades griegas empezaron a ser controladas en gran parte por tiranos que pretendían consolidar el control griego de la isla. El tirano Cleandro gobernó la ciudad de Gela, en la costa sur de Sicilia, sustituyendo a la oligarquía existente. Fue asesinado y sucedido por su hermano, Hipócrates, que inició una fase de expansión que hizo que gran parte del sur de Sicilia cayera bajo su control. Le sucedió su sobrino Gelón, que trasladó la capital del reino a Siracusa. Gelón creó un ejército de diez mil hombres compuesto por reclutas de Sicilia y Grecia continental; a todos estos soldados les concedió la ciudadanía siracusana. A través de sus campañas, Gelón convirtió las ciudades jónicas en dóricas, utilizando las ejecuciones y la esclavitud para asegurarse de que los griegos dorios se hicieran con el control de la mayoría de las ciudades griegas de Sicilia.

Esto preocupaba especialmente a las ciudades griegas del sur de Italia, que temían que Gelón intentara conquistarlas también. Anaxilas, el tirano de Regio, animó a los refugiados griegos a tomar la ciudad de Zancle, en el noreste de Sicilia. Según algunos relatos, estos refugiados procedían de la ciudad natal de Anaxilas, Mesenia, de la isla de Samos, o quizá de ambas. Zancle se convirtió en la ciudad de Mesina (Messana), y Anaxilas pudo hacerse con el control de la ciudad. Anaxilas también se casó con la hija de Terilo, el tirano de la ciudad de Hímera, en la costa central norte de Sicilia, para asegurar su posición frente a Gelón. Terilo también era amigo de los cartagineses, concretamente de un general de finales del siglo V llamado Amílcar.

Llegados a este punto, sería pertinente señalar que los cartagineses solían utilizar los mismos nombres generación tras generación; hay innumerables líderes llamados Hannón, Amílcar, Hannibal, Mago y Asdrúbal. Esto no es particularmente inusual. Hay muchos romanos que se llaman Cayo, Marco o Escipión, pero suelen incluir nombres adicionales o apodos. Los reyes macedonios y los faraones egipcios se identifican con un nombre y un número, como Filipo II o Tutmosis III. Sin embargo, no se sabe lo suficiente sobre la historia cartaginesa como para dar a muchos de estos líderes identificadores únicos. Por ejemplo, al Hannón que navegó hasta la costa occidental africana se lo suele llamar Hannón el Navegante, pero no sabemos si era un tipo de «rey», líder naval o simplemente un marino de habilidad poco común. El Amílcar que parece haber estado aliado con Terilo era sin duda un líder militar, pero también podría haber servido como una especie de rey aprobado por el Consejo de Ancianos, como se explicó anteriormente acerca de los gobernantes magónidas.

En 480 a. e. c., Cartago respondió a una llamada de ayuda de Terilo, el tirano de Hímera, tras ser derrocado y depuesto por un tirano dórico llamado Theron. Esto condujo a la batalla de Hímera. Gelón y Theron se enfrentaron a las fuerzas de Amílcar. Se dice que Cartago contaba con un ejército de 300.000 hombres, aunque es probable que se trate de una exageración. Se cree que el ejército de Gelón y Theron contaba con unos cincuenta mil hombres. En una pequeña escaramuza a las afueras de la ciudad, Amílcar derrotó a un grupo de hombres al mando de Theron. Sin embargo, cuando llegó Gelón, los cartagineses fueron derrotados en una batalla campal que duró todo un día. Al ver que su ejército había perdido, Heródoto cuenta que se arrojó a una hoguera cerca del campo de batalla. Otro relato afirma que Amílcar fue asesinado por los arqueros de Gelón.

Las consecuencias de la derrota cartaginesa fueron leves. Hímera cayó bajo el control de Gelón, y Cartago tuvo que pagar dos mil talentos de plata y construir dos templos donde se mostrarían los detalles del acuerdo. Ni siquiera Amílcar sufrió un golpe en su legado, algo habitual en los generales que sufrían grandes derrotas. En general, se le tenía en buena estima y se lo honraba con sacrificios en algunas ciudades púnicas, quizá debido a su acto de autosacrificio literal. Cartago dudó en volver a la isla y se mantuvo al margen de los asuntos de Sicilia durante los setenta años siguientes.

Al mismo tiempo que Siracusa y Cartago luchaban entre sí, los persas intentaban invadir Grecia continental. Esta invasión fue hábilmente frustrada por los esfuerzos combinados de la mayoría de las ciudades-estado griegas. Después de Hímera, Siracusa intentó presentar la idea de que Cartago era la Persia de Occidente y que la batalla en Sicilia era similar a las batallas en Grecia. Sin duda, los griegos consideraban bárbaros a los cartagineses simplemente porque no eran griegos. Y como los fenicios eran vasallos de Persia, y Cartago era originalmente una colonia fenicia, tenía cierto sentido. Sin embargo, muchos hicieron caso omiso de la propaganda siracusana, incluidos Platón y Aristóteles, que creían que Cartago representaba uno de los mejores gobiernos contemporáneos del mundo. No todos olvidaron el hecho de que Gelón había rechazado una petición de enviados espartanos y atenienses para que los apoyaran en la lucha contra Persia.

De hecho, durante los años posteriores a Hímera, Atenas parecía haber incrementado su comercio con Cartago y también solicitó ayuda a Cartago en asuntos políticos en Sicilia. Sin embargo, Cartago rechazó la petición de los atenienses. En Cartago se produjeron algunos cambios políticos tras la batalla de Hímera. Amílcar, siendo magónida, había actuado en gran medida en interés de los magónidas y no necesariamente de Cartago. Por ello, parece que se instituyó un gobierno de tipo más republicano. Se creó el Consejo de los 104. Este consejo de jueces supervisaba a los generales y a los militares para ayudar a frenar su independencia. Los nombramientos en el Consejo de los 104 eran vitalicios, y su poder aumentó drásticamente durante los siglos siguientes. Sin embargo, tras esta reorganización política, los magónidas seguían en el poder, lo que indica que tuvieron mucho que ver. Los magónidas seguirían desempeñando las funciones de magistrados y generales durante muchos años.

En el año 410 a. e. c., la ciudad dórico-griega de Selino y la ciudad jonio-griega de Segesta se habían enzarzado en una amarga rivalidad. Selino derrotó a las fuerzas de Segesta en el 416 a. e. c. Segesta había pedido ayuda a Cartago, pero esta se la denegó. Entonces recurrió a Atenas, que envió una expedición a Sicilia que acabó en desastre para los atenienses en el 413 a. e. c., cuando fueron derrotados por una coalición de ciudades sicilianas, que contaban con la ayuda de Esparta. Segesta volvió a pedir ayuda a Cartago, y esta vez, Cartago respondió. Estaba liderada por Aníbal Mago, que intentó poner fin a la situación por la vía diplomática. Sin embargo, no se pudo alcanzar la paz entre Cartago, Segesta, Selino y Siracusa. Así que Aníbal Mago reunió un gran ejército y tomó Selino por la fuerza. A continuación, obtuvo una victoria decisiva en la segunda batalla de Hímera, que restauró la reputación de Cartago. Aníbal Mago no continuó hacia Siracusa, sino que regresó a Cartago con su botín de guerra en el año 409 a. e. c.

Un general siracusano llamado Hermócrates comenzó a atacar zonas púnicas en Sicilia y capturó Motia y Panormo antes de ser asesinado en Siracusa en un intento de golpe de estado. Aníbal Mago respondió dirigiendo otro ejército a Sicilia en el 406 a. e. c. Esta vez, sin embargo, las cosas no fueron bien para los cartagineses. Mientras asediaban la ciudad de Akragas, sufrieron un ataque de peste. Aníbal Mago sucumbió a la enfermedad durante la campaña. Su sucesor, llamado Himilcón, tomó la ciudad de Akragas, capturó otras ciudades y derrotó repetidamente a las fuerzas de Siracusa. Sin embargo, la peste volvió a azotar a los cartagineses, por lo que Himilcón aceptó un tratado de paz que lo dejaba el control de las ciudades que había capturado. Esta sería la mayor extensión del control púnico en la isla de Sicilia.

En 406 a. e. c., Dionisio I había sido elegido comandante supremo de Siracusa, gracias en parte a su firme defensa contra los cartagineses en la guerra anterior. A Dionisio se le concedieron primero seiscientos guardias tras fingir un atentado contra su vida. Consiguió ampliar el número de guardias a mil. Con esta fuerza leal, compuesta en su mayoría por mercenarios, procedió a hacerse con el control total de la ciudad y a establecerse como tirano. A diferencia de otros tiranos griegos, Dionisio recibió la bendición de Esparta, que le proporcionó soldados de algunos de sus territorios. Dionisio sería el modelo de tiranos y reyes griegos, incluido Alejandro Magno. Sin embargo, como gobernante, se lo suele considerar el peor tipo de tirano: vengativo, desconfiado y cruel.

En el año 398 a. e. c., Dionisio rompió el tratado de paz con Cartago y sitió la ciudad de Motia, la cual capturó. Himilcón respondió y reconquistó la ciudad y la cercana Mesina. En el 397 a. e. c., la flota cartaginesa, al mando de un almirante llamado Mago, derrotó a los griegos en la batalla naval de Catana. Himilcón aprovechó entonces su ventaja y sitió la propia Siracusa. Al principio, el asedio fue un éxito, pero una vez más, la peste se abatió sobre los cartagineses. El ejército se derrumbó en el 396 a. e. c. Obligados a retirarse, los cartagineses perdieron las ciudades que habían reclamado, pero conservaron sus territorios en el oeste de Sicilia. La isla quedó dividida entre Cartago en el oeste, los griegos jónicos en el norte y los griegos dóricos en el este.

Dionisio recuperó sus fuerzas y saqueó Solus el mismo año en que los cartagineses estaban asolados por la enfermedad. Cartago no actuó inmediatamente porque estaba haciendo frente a una revuelta en sus territorios africanos. En el 393 a. e. c., el sucesor de Himilcón, Mago II, atacó Mesina, pero fue rechazado. Mago dirigió entonces un ejército reforzado hacia el centro de Sicilia, donde se preparó para enfrentarse a Dionisio en la batalla de Crisa. Los sículos, el pueblo indígena de Sicilia, se aliaron con Dionisio y hostigaron la línea de suministros cartaginesa, causando escasez. Los griegos a las órdenes de Dionisio se rebelaron porque este no quería luchar directamente contra los cartagineses. En consecuencia, la «batalla» se resolvió con un tratado de paz que otorgaba a Dionisio las tierras de los sículos. Cartago conservó el control de Sicilia occidental.

Dionisio volvió a romper su tratado con los cartagineses en el 383 a. e. c. En algún momento entre 378 y 375 a. e. c., Dionisio derrotó a Mago II en la batalla de Cábala. Los detalles de la batalla son escasos y se desconoce el lugar exacto. Sin embargo, se cree que Mago murió durante la batalla. El hijo de Mago II, llamado Himilcón Mago, sucedió a su padre y reanudó la lucha con Dionisio, derrotando al tirano en 376 a. e. c. en la batalla de Cronium, cerca de la actual Palermo. El hermano de Dionisio murió en la batalla. Como resultado, Dionisio se vio obligado a pagar mil talentos en concepto de reparación y a dejar que Cartago mantuviera el control de Sicilia occidental.

Dionisio no podía estarse quieto. Volvió a atacar las posesiones púnicas en el 368 a. e. c. Esto podría haber dado lugar a otra guerra prolongada en Sicilia, excepto Dionisio I de Siracusa murió en 367 a. e. c. Su hijo, Dionisio II, no deseaba continuar con la agresión hacia territorios cartagineses o aliados. Por ello, acordó un tratado de paz que mantenía las esferas de influencia más o menos como estaban.

Dionisio II era completamente inexperto en asuntos públicos y política, por lo que se apoyó en su tío Dión para que lo orientara. Dión invitó a su maestro, el filósofo Platón, a Siracusa para que lo ayudara a reformar el gobierno y convirtiera a Dionisio II en un rey-filósofo. Dionisio II desterró a su tío e ignoró los llamamientos de Platón. Finalmente, Dion regresó del exilio y obligó a su sobrino a su propio destierro. Más tarde, Dionisio II regresó a Siracusa, pero acabó siendo destituido por Timoleón, un miembro de la aristocracia corintia que había sido enviado a Siracusa para salvarla del despotismo y la tiranía.

Siracusa había sido fundada por los corintios, por lo que el pueblo pidió ayuda a Corinto contra la tiranía de Dionisio II. Cartago se opuso a Timoleón, pero este pudo evitar sus fuerzas y restaurar el orden en Siracusa. Cartago respondió enviando un gran ejército, comandado por Asdrúbal y Amílcar, para derrotar finalmente a Siracusa y hacerse con el control de Sicilia. Sin embargo, Timoleón demostró ser capaz de hacer frente al ataque sorprendiendo a las fuerzas púnicas en el río Crimiso, identificado como el actual río Freddo, en el noroeste de Sicilia.

En junio del 339 a. e. c., las fuerzas de Timoleón atacaron a los cartagineses mientras cruzaban el río. Comenzó a llover, lo que golpeó a los griegos por la espalda, pero a los cartagineses en la cara. Los griegos lograron romper las primeras filas del ejército púnico, lo que provocó que los cartagineses se dieran la vuelta y huyeran. Después de Crimiso se sucedieron algunas batallas menores que paralizaron la guerra. Los cartagineses pidieron la paz y Timoleón la aceptó. Cartago conservó su territorio en el río Lico, al suroeste de Sicilia, mientras que Siracusa se quedó sola. Muchos de los tiranos griegos de Sicilia cayeron ante Timoleón, y la paz se restableció en la Sicilia griega hasta la muerte de Timoleón.

En este punto, quizá sea importante analizar por qué Cartago luchó tanto por conservar un punto de apoyo en una isla controlada principalmente por griegos y pueblos indígenas. Los cartagineses esperaban impedir que los griegos, especialmente los griegos-dorios, expandieran su territorio y su influencia hacia el Mediterráneo occidental. A diferencia de Cerdeña, Cartago nunca utilizó Sicilia para la producción agrícola ni para obtener materias primas como el metal. Cartago necesitaba sobre todo sus puertos sicilianos. Estos emplazamientos en la costa occidental de la isla eran cruciales para que Cartago controlara las rutas comerciales norte-sur hacia y desde Italia. Mientras los cartagineses tuvieran puertos en Sicilia, podrían abastecer a los barcos que necesitaran hacer escala en esas rutas y también mantener sus armadas en esos puertos para combatir la piratería, que siempre era un problema. Algunas de las ciudades que Cartago fundó en Sicilia estaban fuertemente protegidas y no tenían conexión con el resto de la isla.

En el año 332 a. e. c., Alejandro Magno se adentró en Asia Menor y se hizo con un vasto pero efímero imperio. Asedió la ciudad madre de Cartago, Tiro, y capturó la ciudad isleña construyendo una gran calzada para llevar las máquinas de asedio contra las murallas de la ciudad. Algunos cartagineses estaban allí, pero Alejandro los perdonó, diciéndoles que Cartago sería la siguiente una vez que conquistara Asia. Los cartagineses enviaron un emisario a la capital de Alejandro en Babilonia para determinar cuándo podían esperar la llegada del rey macedonio.

El emisario, Amílcar Rodano, primero afirmó ser un exiliado que quería unirse al ejército macedonio. Se supone que envió mensajes secretos a Cartago, pero se desconoce la naturaleza de estos mensajes y no está claro si pudo determinar los planes de Alejandro. Rodano regresó a Cartago, pero fue ejecutado porque los ciudadanos creyeron que los había traicionado ante Alejandro. No está claro si Alejandro tenía realmente planes de conquistar Cartago o no. Alejandro murió en Babilonia en el año 323 a. e. c., por lo que no se conocen sus verdaderas intenciones.

La situación en Sicilia era única para los cartagineses. Tenían un ejército, formado en su mayoría por mercenarios, que respondía ante un general. El general pertenecía a la élite cartaginesa, pero había sido elegido por la Asamblea Popular. Aun así, el aprovisionamiento de su ejército debía ser aprobado por el Consejo de Ancianos, y podía ser auditado por el Consejo de los 104. Tenía una autonomía considerable sobre el terreno, pero sus acciones podían ser revisadas por la élite de Cartago años después de que hubiera tomado sus decisiones. Esto hacía que las relaciones entre Cartago y Sicilia fueran tenues y complicadas para ambas partes.

Un comandante de caballería de origen humilde llamado Agatocles entró en escena. Era un tirano que se había hecho con el control de Siracusa tras la muerte de Timoleón. Agatocles se autoproclamaba el Alejandro de Occidente y veía a Cartago como la versión occidental de Persia. Masacró a los oligarcas de Siracusa. Pronto declaró la guerra a los cartagineses y se enfrentaron en la batalla de Hímera. El ejército púnico estaba dirigido por Amílcar, nieto de Hannón el Grande. Agatocles fue derrotado en la batalla y regresó con dificultad a Siracusa, donde los cartagineses lo sitiaron. En un movimiento sorpresa, logró romper el bloqueo en el 310 a. e. c. y llevó un ejército al norte de África, donde desembarcó en el cabo Bon.

Allí derrotó a las fuerzas cartaginesas y acampó cerca de Túnez. Agatocles comenzó a capturar varias ciudades en el norte de África. Se alió con Ofelas, el gobernante de Cirenaica, y le prometió que podría quedarse con todas las posesiones africanas que le arrebataran a Cartago. Cuando Ofelas llegó, Agatocles atacó a su ejército y mató a Ofelas. Se hizo con el control de lo que quedaba del ejército cirenaico. En el 307 a. e. c., Agatocles fue derrotado y huyó a Sicilia. Firmó un tratado de paz con Cartago, que le permitió controlar varias ciudades griegas del este de la isla. Cartago mantuvo el control de una parte de sus puertos en el oeste.

Esta paz se mantuvo hasta la aparición del rey Pirro de Epiro en Sicilia, donde tomó el control de la parte oriental griega. Se decía que los griegos que vivían en la isla habían pedido a Pirro que llegara allí, ya que querían que los librara de los cartagineses. En 297 a. e. c., los cartagineses temían que Pirro se involucrara en Sicilia. Pirro había estado en Italia, luchando exitosamente contra los romanos, pero a un gran precio. Este es el origen del término «victoria pírrica». Los cartagineses sabían que los griegos de Sicilia pedían ayuda a Pirro, así que enviaron un comandante con 120 barcos a Roma para ofrecer ayuda para derrotar a este enemigo potencial. El Senado romano declinó la oferta. Sin embargo, existen pruebas de que Roma y Cartago firmaron otro tratado en esta época. También se cree que, en algún momento, los cartagineses tomaron soldados romanos de Sicilia y los transportaron a Regio para hacer frente a una guarnición romana rebelde. Los barcos púnicos esperaron entonces a ver si Pirro intentaba cruzar a Sicilia.

Pirro lo hizo a finales del siglo III a. e. c. Se casó con la hija de Agatocles tras la muerte del rey de Siracusa. Pirro atacó rápidamente las posesiones cartaginesas, conquistando Selinunte, Halicias, Segesta y otras ciudades. Asedió Érice y finalmente tomó también esa ciudad. Según Diodoro Sículo, Pirro tomó todas las ciudades cartaginesas de Sicilia hasta que fue detenido en la última ciudad, Lilibeo, donde los cartagineses habían podido finalmente proporcionar tropas, grano y catapultas. Por esa misma época, parece que los griegos de Sicilia empezaban a cansarse del gobierno de Pirro, que se comportaba como un déspota y desconfiaba de quienes intentaban ayudarlo. Recibió mensajes pidiendo su regreso a Italia, lo que tomó como excusa para marcharse. Con la marcha de Pirro, los cartagineses se interesaron por recuperar sus posesiones en la parte occidental de Sicilia, si no por hacerse con el control de toda la isla. Por desgracia, su situación resultaría mucho más peligrosa.

Capítulo seis: La primera guerra púnica

Representación artística de un hoplita cartaginés

En la década de 280 a. e. c., un grupo de mercenarios italianos llamados «hijos de Marte» o mamertinos se hizo con el control de la ciudad de

Mesina, en el norte de Sicilia, de gran importancia estratégica. Esta ciudad se encontraba justo al otro lado del estrecho de Sicilia desde Italia y era una base excelente desde la que controlar el flujo de barcos a través del estrecho, así como de Sicilia a Italia y viceversa. Cuando Pirro estuvo en Sicilia, se le pidió que expulsara a los mamertinos, pero no quiso o no pudo hacerlo. Tras su marcha y posterior derrota en Italia, Siracusa nombró a Hiero II comandante de las tropas de la ciudad. Los mamertinos amenazaron Siracusa y Hiero los derrotó en batalla, pero los cartagineses le impidieron tomar la ciudad de Mesina. En 264 a. e. c., volvió a atacar a los mamertinos tras ser declarado rey de Siracusa.

Los mamertinos pidieron ayuda tanto a los cartagineses como a los romanos. Para entonces, Roma ya había derrotado a los samnitas, los etruscos y las ciudades griegas de Italia y controlaba toda la península. Hay pruebas sólidas que apoyan la idea de que Roma y Cartago no solo se consideraban aliados hasta ese momento, sino que también habían comerciado activamente entre sí. Había cartagineses viviendo en Roma y en otras ciudades de Italia. Las pruebas arqueológicas demuestran que el distrito «africano» de Roma estaba ocupado mucho antes de que estallara la guerra entre las dos superpotencias.

Roma tenía ciertas ventajas en comparación con otras naciones del Mediterráneo occidental. Cuando los romanos conquistaban una ciudad o una tierra, no solo infundían la identidad romana, sino que también exigían un cierto número de soldados de sus nuevos territorios. Esto significaba que el ejército romano estaba formado en gran parte por soldados ciudadanos y no por mercenarios, lo que resultaba beneficioso porque se podía inducir a las tropas a luchar por un ideal y no solo por un sueldo. Además, debido a la estructura política de Roma, en la que los senadores y cónsules ocupaban sus cargos durante un breve periodo de tiempo, resultaba muy difícil para Roma pedir la paz o negociar tratados con el enemigo. Nadie en Roma tenía poder personal para rendirse. Esto significaba que incluso después de varias derrotas, como en sus primeras batallas contra Pirro, los romanos no se rindieron, sino que siguieron luchando porque no tenían otra opción. Esta tenacidad institucional resultaría ser un sello distintivo de la destreza combativa de Roma. Sin embargo, Cartago era sin duda el más fuerte de los dos cuando los mamertinos solicitaron ayuda contra Hiero II.

Los cartagineses llegaron primero, y puede que se contactara primero con ellos, pero la petición de los mamertinos a Roma fue como compatriotas italianos. Al principio, Roma no estaba segura de involucrarse fuera de Italia, pero temía lo que ocurriría si Cartago se hacía con el control de Mesina. Sin embargo, los romanos esperaban hacerse con el control de Siracusa si derrotaban a Hiero. Los romanos enviaron un ejército al mando de Apio Claudio Cáudex para ayudar a los mamertinos, aunque también deseaban impedir que los cartagineses obtuvieran nuevos territorios en la isla. Al enterarse de la llegada de los romanos, el general cartaginés tomó la fatídica decisión de abandonar Mesina y aliarse con Hiero. Esta fuerza combinada sitió entonces Mesina (Messana). Roma y Cartago se declararon la guerra. Corría el año 264 a. e. c. y había comenzado la primera guerra púnica.

Estas hostilidades iniciales fueron posibles en gran medida porque Cartago, cuya armada era mucho mayor que cualquier cosa que Roma pudiera reunir, fracasó sistemáticamente a la hora de impedir que los romanos cruzaran a Sicilia. En un momento dado, los romanos fueron incluso capaces de tomar un barco púnico, y lograron varios cruces a gran escala con barcos prestados principalmente de sus territorios del sur de Italia. Cómo fue posible sigue siendo un misterio. Sin duda, los romanos utilizaron todos los trucos que se les ocurrieron, pero la armada de Cartago tenía mucha experiencia en patrullar las aguas. La suerte no puede descartarse por completo, por supuesto.

En cualquier caso, la capacidad de Roma para desembarcar decenas de miles de tropas en la isla provocó una respuesta inmediata. Muchas ciudades formaron alianzas con Roma. Hiero, que se encontraba aislado y sin apoyo, pidió la paz. Se produjeron escaramuzas entre romanos y cartagineses, pero no se consiguió gran cosa y ambos bandos se adjudicaron las primeras victorias.

Hiero se convirtió en amigo y aliado de Roma, pudiendo permanecer en el trono de Siracusa. El general púnico que había perdido Mesina a manos de Roma y no había impedido que los romanos cruzaran a Sicilia fue crucificado por cobardía. La pérdida combinada de Mesina y Siracusa fue un golpe devastador para Cartago porque significaba que Roma tenía puertos seguros donde desembarcar tropas. Aunque aún no se habían librado grandes batallas, Roma había obtenido una gran victoria estratégica. Aunque algunos podrían argumentar que Roma y Cartago llevaban mucho tiempo en rumbo de colisión, esto no es del todo exacto. La verdad era más sutil. Cartago había sido durante mucho tiempo una gran potencia en la zona, y Roma se había convertido ahora en otra gran potencia en la misma zona. Se miraban con desconfianza y celos. Ambas querían adquirir más, pero también temían perder lo que ya tenían. Ambas partes se veían (acertadamente) como adversarios en un juego de imperios. Si uno de los dos perdía una oportunidad o cedía un ápice de influencia, se exponía a la dominación del otro.

Roma ya había empezado a identificarse como parte de la tradición griega. Los romanos creían descender del troyano Eneas, que llegó a ser considerado griego a pesar de haber luchado contra los griegos en la guerra de Troya. De hecho, los troyanos tenían mucho en común con los griegos, o al menos así lo describieron escritores e historiadores posteriores. Los romanos también habían llegado a aceptar el culto a Hércules en su calendario religioso y creían que Hércules había ocupado un lugar destacado en su pasado. Algunas familias romanas de élite afirmaban descender directamente del gran guerrero griego.

Cartago, por su parte, había llegado a asociarse con Oriente y el Este, a pesar de su situación geográfica. Procedían de los fenicios, que no eran griegos, sino «bárbaros» de Levante. Esta división cultural entre romanos y cartagineses se acentuó en los años previos a la primera guerra púnica. Por lo tanto, las élites romanas ya estaban convencidas de la traición y duplicidad de los cartagineses. Puede que Cartago pensara algo parecido, pero no podemos saberlo con seguridad porque no ha sobrevivido ningún escrito de Cartago. La cultura púnica debía mucho a los fenicios, pero también era en gran medida su propia creación e incorporaba deidades de Iberia y Cerdeña, por nombrar solo algunas. Lo más probable es que los cartagineses no sintieran ninguna conexión con los griegos, pero las historias de sus antepasados se remontaban mucho más atrás. Los fenicios navegaban por el Mediterráneo cuando los griegos aún eran tribus irreconocibles. Lo más probable es que los cartagineses pensaran que su linaje era más que suficiente. Los romanos eran esencialmente extranjeros invasores, pero los cartagineses tampoco tenían ningún derecho real sobre Sicilia. Los dos estarían luchando por una isla que no era una patria para ninguno de ellos. Sin embargo, cada uno sentía que las acciones del otro eran una causa legítima para la guerra.

En 262 a. e. c., Cartago decidió establecer una base de operaciones en Akragas, en el suroeste de Sicilia. Se desconoce la estrategia cartaginesa, pero está claro que tenían puestas sus esperanzas en la superioridad de su armada. Akragas era fácilmente defendible y los barcos púnicos podían llegar a ella con facilidad. Roma carecía de armada y dependía de los barcos de sus aliados para transportar sus considerables fuerzas terrestres. Al enterarse de que los cartagineses estaban en Akragas, los romanos sitiaron la ciudad. Los cartagineses enviaron una fuerza para aliviar la ciudad sitiada. El comandante púnico, Hannón, hijo de Aníbal, llevó sus cincuenta mil unidades de infantería, seis mil de caballería y sesenta elefantes de guerra a Akragas tras desembarcar. Sin embargo, Hannón parece haber tenido poca confianza en sus soldados, ya que acamparon durante dos meses sin atacar a los romanos.

Finalmente, no pudo aguantar más y avanzó sobre el ejército romano, colocando a sus elefantes detrás de sus soldados, seguramente para evitar que se retiraran. Los romanos lograron hacer retroceder las líneas cartaginesas, y los elefantes entraron en pánico, pisoteando a sus propios hombres. Se perdió un número considerable de cartagineses y se apoderaron de su tren de suministros. A su regreso a Cartago, Hannón perdió sus derechos civiles y tuvo que pagar una multa de seis mil piezas de oro. La batalla que perdió se llamó la batalla de Agrigento y se considera la primera batalla real de las guerras púnicas.

Los planes para una armada romana comenzaron en 260 a. e. c. después de que los cartagineses empezaran a hostigar la costa italiana. Los romanos utilizaron como modelo el quinquerreme cartaginés, que había sido capturado al principio de la guerra. Los quinquerremes eran grandes barcos de guerra con tres bancos de remos, con dos hombres en el remo superior, dos en el central y uno en el inferior. Cuando los romanos empezaron a construir barcos en serio, los terminaban en solo dos meses. El nuevo almirante de Roma era el cónsul Cneo Cornelio Escipión y, como cualquier otro aristócrata romano implicado en una acción militar, no podía permitirse el lujo de esperar su momento. Tenía que actuar con rapidez. El objetivo de Roma ahora estaba claro. Si podía enfrentar y derrotar a la poderosa armada de Cartago, entonces la presencia púnica en Sicilia desaparecería para siempre.

Tras la victoria en Agrigento, Roma intentó tomar otras ciudades controladas por Cartago, pero resultó difícil y costoso. Las ciudades eran tomadas por uno de los bandos y luego recuperadas por el otro. Las alianzas cambiaban drásticamente en un sangriento estancamiento que resultó insatisfactorio para ambas partes. Por ello, el Senado de Roma estaba convencido de que la única salida para los romanos era su nueva armada. Entrenaron a los remeros sin descanso y sacaron sus barcos a menudo a realizar diversas maniobras para que las reacciones de los marineros fueran automáticas y sin titubeos. Los barcos de Roma y Cartago se enfrentaron en breves escaramuzas, en las que los romanos solían perder ante los cartagineses, más experimentados.

Sin embargo, los romanos empezaron a darse cuenta de que podrían tener ventaja si conseguían convertir una batalla naval en algo más parecido a una batalla terrestre, que era donde sus soldados podían hacer lo que mejor sabían hacer. Con esa idea en mente, empezaron a utilizar el *corvus* o «cuervo», que era una pasarela con ganchos que podía engancharse al costado de un barco enemigo y permitir su abordaje.

En 260 a. e. c., el almirante romano Escipión condujo diecisiete naves a las islas Eolias, donde estaba dispuesto a aceptar la rendición de la ciudad de Lípara (actual Lipari). Sin embargo, los cartagineses llegaron también y atraparon a Escipión en el puerto. La inexperta tripulación romana abandonó sus naves y fue rápidamente capturada, junto con su comandante. Escipión fue rescatado y devuelto a los romanos, pero no fue castigado por la pérdida. Incluso volvió a ser cónsul en el 254 a. e. c. Escipión fue sustituido como almirante por Cayo Duilio. Este tardó algún tiempo en llegar a Sicilia, así que los romanos hicieron las reparaciones que tanto necesitaban en sus barcos construidos apresuradamente, se entrenaron y trabajaron más con los *corvus*.

Cuando Duilio llegó, dejó Sicilia en manos de sus lugartenientes y dirigió la flota romana en un asalto a gran escala contra los cartagineses. Se enfrentaron en Milas en 260 a. e. c. El comandante de los cartagineses era Aníbal Giscón, que había estado en la batalla de Agrigento. Giscón vio la flota romana de 103 barcos y se acercó rápidamente con sus 130 naves. Los cartagineses, al parecer, confiaban demasiado en sus proezas en el mar. Si se hubiera tratado de una batalla naval típica, su confianza podría haber sido fundada. Pero los romanos planeaban un tipo de batalla muy diferente. En cuanto los cartagineses se pusieron a tiro, soltaron sus «cuervos», y los infantes de marina romanos abordaron rápidamente las naves cartaginesas y eliminaron a todos los que iban a bordo. Según los historiadores antiguos, treinta barcos fueron tomados de esta forma antes de que los cartagineses supieran lo que estaba ocurriendo, pero ya era demasiado tarde para el resto. Su ímpetu los impulsó directamente a los brazos de su destrucción.

Giscón pudo escapar a duras penas en un bote de remos. También pudo escapar del castigo de vuelta a Cartago enviando un mensaje preguntando si debía atacar a los romanos. Cuando Cartago le dijo que sí, él alegó que solo seguía órdenes. Los romanos se envalentonaron y persiguieron a Giscón hasta Cerdeña, donde derrotaron a otra flota cartaginesa. Esta vez, Aníbal Giscón no tuvo tanta suerte y fue ejecutado por sus propios subordinados.

Sorprendentemente, mientras la armada cartaginesa sufría, a su ejército terrestre en Sicilia le iba bien. Los cartagineses estaban inmersos en una guerra de desgaste en el accidentado terreno siciliano. Esto no les convenía a los generales romanos, que querían una acción decisiva, ya que su consulado solo duraba un año. Los comandantes cartagineses, que mantenían sus posiciones durante mucho más tiempo, podían permitirse jugar durante más tiempo. Los romanos asediaban los bastiones cartagineses, pero tenían que rendirse al cabo de varios meses. Las ciudades siguieron cambiando de bando esporádicamente a lo largo del conflicto. La ciudad de Enna, por ejemplo, cambió de bando tres veces en cinco años. Ciudades como Panormo y Lilibea permanecieron siempre en manos cartaginesas. Sin embargo, esto no contrarrestó sus pérdidas en el mar. Los romanos asaltaron Malta y las islas Eolias y lograron una victoria contra los cartagineses frente al cabo Tíndaris, en la costa norte de Sicilia.

Los romanos decidieron entonces seguir una línea de acción conocida. Llevarían la lucha directamente al norte de África. Se trataba de un plan audaz. Antes de esto, la única acción romana fuera de Italia había sido su travesía a Sicilia. Ahora estaban planeando una invasión de casi 373 millas a través del océano abierto. Los romanos reunieron una flota de 330 naves, con 120 infantes asignados a cada una y un cierto número de remeros. Según el antiguo historiador Polibio, los romanos contaban con un total de 140.000 hombres. Los cartagineses contaban con unos 350 barcos y 150.000 hombres. Estas enormes armadas se encontraron en el cabo Ecnomo, al sur de Sicilia. Una vez más, los *corvi* romanos resultaron ser el elemento definitorio de la batalla. Los cartagineses estaban dispuestos en línea, mientras que los barcos romanos estaban divididos en cuatro partes, formando un triángulo, con una sección de reserva.

El centro cartaginés se desmoronó primero. La línea se derrumbó sobre sí misma y los romanos lograron rodear gran parte de la flota cartaginesa. En total, 94 barcos púnicos fueron tomados o hundidos, y los romanos solo perdieron 24. Fue un completo desastre para los cartagineses. Su flota, mucho más pequeña, se reagrupó, probablemente en Lilibea. Enviaron a un nuevo comandante llamado Hannón para presentar las condiciones de paz a Roma, las cuales fueron rechazadas. Un comandante, Amílcar, se quedó en Sicilia, mientras que Hannón se llevó a la mayor parte de la flota de vuelta al norte de África. Los romanos continuaron su misión y desembarcaron en un lugar llamado Aspis, en el cabo Bon, una península al norte de Túnez, y rápidamente capturaron la ciudad.

Roma quizás se replanteó su decisión de enviar dos cónsules y un ejército tan numeroso al norte de África, ya que uno de los cónsules, Manlio Vulsón, regresó a Italia. Esto dejó al otro cónsul, Marco Atilio Régulo, con cuarenta barcos, quince mil soldados de infantería y quinientos de caballería. Régulo sitió la ciudad de Adís y los cartagineses enviaron contra ellos cinco mil soldados de infantería y quinientos de caballería.

Cuando las fuerzas se enfrentaron en batalla, los cartagineses hicieron retroceder a las líneas romanas, pero al perseguir el centro romano, se encontraron rodeados. Se dieron la vuelta y huyeron en desorden. Túnez fue tomada por Régulo. Cartago fue invadida por los refugiados que huían de los romanos.

La hambruna comenzó a instalarse en la gran ciudad. Se iniciaron las negociaciones de paz, pero Régulo exigió que los cartagineses abandonaran Sicilia y Cerdeña, que pagaran rescates por cada prisionero cartaginés, que pagaran los gastos de guerra de Roma y que pagaran un tributo anual. Régulo también exigió que Cartago obtuviera el consentimiento de Roma para cualquier futura declaración de guerra o paz y que Cartago se quedara con un solo barco de guerra. Los cartagineses nunca aceptarían tales condiciones, con lo que Régulo contaba. Quería tomar la propia Cartago y deseaba el botín de tan gran premio.

Cartago trajo nuevos mercenarios, entre ellos un comandante espartano llamado Jantipo. Cartago reunió doce mil soldados de infantería, cuatro mil de caballería y cien elefantes de guerra. Jantipo fue puesto al mando de toda la fuerza, quizás mostrando que Cartago reconocía el problema con sus comandantes locales. Atacó a los romanos de inmediato y los derrotó, gracias en gran parte a su superior caballería. El ejército romano fue casi totalmente destruido o capturado; solo unos dos mil soldados romanos pudieron escapar. Régulo fue capturado y murió en cautiverio. El norte de África se había salvado. Jantipo reconoció su precaria posición y los celos dirigidos hacia él, así que recogió sus honores por la victoria y abandonó Cartago.

Sin embargo, Roma seguía controlando el mar. La fortuna favoreció a Cartago en este aspecto, ya que la flota romana se vio atrapada en una tormenta frente a la costa sur de Sicilia en el año 255 a. e. c. Solo 80 de los 364 barcos sobrevivieron. Sin embargo, las cosas en Sicilia pintaban mal para los cartagineses. El puerto de Panormo fue tomado en el 254 a. e. c. Luego, Termini Imerese y Lipara cayeron en 252 a. e. c. Akragas fue retomada, pero el comandante cartaginés sabía que no podría mantenerla, por lo que hizo quemar la ciudad hasta los cimientos. Se intentó retomar Panormo, pero fue un fracaso, con veinte mil soldados cartagineses perdidos.

Lilibea se convirtió en el siguiente objetivo romano. En el 250 a. e. c., los romanos sitiaron la ciudad por tierra y mar. Los cartagineses se centraron en romper el bloqueo naval con suministros y tropas frescas. El héroe de estas maniobras de bloqueo fue un capitán llamado Aníbal el Rodio, que entró en el puerto de Lilibea al menos dos veces y retó a los romanos a luchar, a lo que estos se negaron debido a la rapidez y agilidad de su barco. Sin embargo, una de las cuadrigas púnicas fue detenida y capturada por los romanos. Este barco fue utilizado por los romanos para dar caza a Aníbal el Rodio, cuyo propio barco fue capturado y utilizado por los romanos para sellar completamente el puerto de Lilibea.

La guerra constante, la pérdida de los puertos sicilianos y el dominio de los romanos en el mar llevaron a Cartago al agotamiento económico. En 247 a. e. c., Cartago se vio obligada a pedir un préstamo de dos mil talentos a Ptolomeo en Egipto; la petición fue rápidamente denegada.

A pesar de la devastación sufrida por la armada romana en la tormenta del 255 a. e. c., Roma había podido finalmente reconstruir su flota. La situación en Sicilia seguía siendo un punto muerto. El único punto positivo para Cartago fueron las acciones de un comandante llamado Amílcar Barca, que llevó a cabo una guerra de guerrillas de naturaleza principalmente simbólica; no estaba necesariamente preocupado por objetivos estratégicos. En Cartago, la opinión pública había cambiado hacia un deseo de paz. Roma simplemente había superado a Cartago en su deseo de continuar las hostilidades. Cartago nunca había sido capaz de adaptarse a la estrategia altamente agresiva de Roma ni de desarrollar una estrategia propia clara. En su lugar, los cartagineses habían estado librando en gran medida una guerra defensiva. No intentaban ganar, sino simplemente no perder.

Las condiciones de paz ofrecidas por Roma eran más atractivas que las exigencias de Régulo. Cartago tendría que entregar todas sus posesiones en Sicilia y sus puertos navales en las islas vecinas. Los cartagineses no podían entrar en conflicto con Roma ni con sus aliados. También se les exigía el pago de 3.200 talentos o casi 100 toneladas de plata.

La guerra había durado veintitrés agotadores años. Ambos bandos habían perdido cientos de barcos y cientos de miles de soldados, muchos de ellos en el mar. Los dos bandos habían empezado como adversarios cautelosos con una historia de tratados y comercio. Ahora eran enemigos acérrimos. Los romanos hablaban de *Punica fides* o «lealtad cartaginesa», lo que significaba la peor de las traiciones. La paz tras la primera guerra púnica duraría veintitrés años, pero el escenario estaba preparado para una guerra aún mayor.

En los años siguientes, los mercenarios de Cartago y sus aliados africanos se volvieron contra ella en la guerra de los Mercenarios, que duró del 241 al 237 a. e. c. Roma apoyó nominalmente a Cartago en la guerra, pero aprovechó la oportunidad para arrebatarle Cerdeña y Córcega. Cartago pudo sofocar la rebelión gracias a Amílcar Barca, quien empezó a mostrar dotes de gran líder. En consecuencia, su familia se hizo excepcionalmente poderosa. En lugar de intentar recuperar Cerdeña, Córcega o Sicilia de manos de Roma, Amílcar puso sus miras en Hispania, la actual España. Hispania ya contaba con presencia púnica y era conocida por sus excelentes recursos naturales y sus buenos puertos para expandir el comercio.

Hacia el 220 a. e. c., gracias a sus nuevos territorios en Hispania, Cartago se había recuperado de su guerra con Roma. Por su parte, Roma reconoció la expansión de Cartago en España y se centró en gobernar su nuevo y floreciente imperio. Entre 225 y 222 a. e. c., Roma luchó contra los galos en el norte de Italia y trató de expandirse por el territorio de Iliria, al otro lado del Adriático. Sin embargo, las cosas darían un giro que enfrentaría de nuevo a Cartago y Roma en una lucha por su propia existencia.

Capítulo siete: *Hannibal Ad Portas* («¡Aníbal está a las puertas!»)

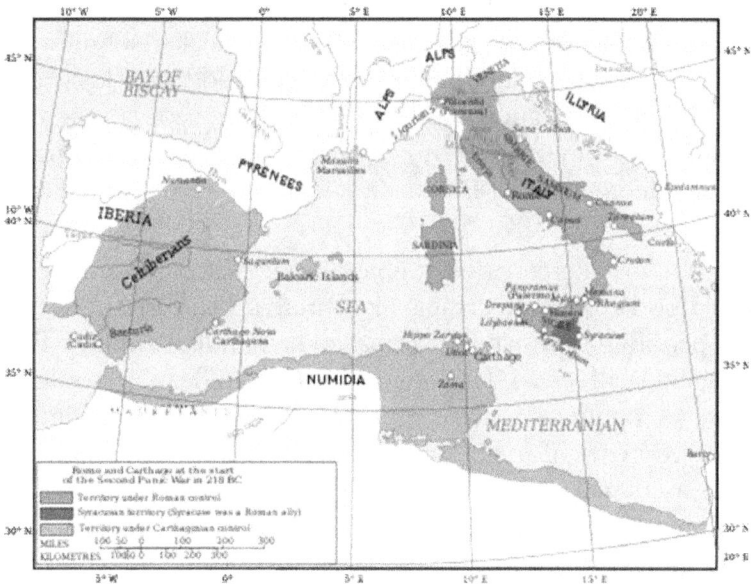

Cartago y Roma al comienzo de la segunda guerra púnica
Obra derivada de Grandios : Augusta 89, CC BY-SA 3.0
<https://creativecommons.org/licenses/by-sa/3.0>, vía Wikimedia Commons;
https://commons.wikimedia.org/wiki/File:Map_of_Rome_and_Carthage_at_the_start_of_the_Second_Punic_War_2.svg

La «guerra de los Mercenarios» que estalló justo después del final de la primera guerra púnica fue importante en muchos sentidos. Amílcar Barca se retiró como comandante del ejército cartaginés tras firmar la paz con Roma, tal vez porque no estaba satisfecho con la rendición cartaginesa. Otro comandante cartaginés, Giscón, se encargó de enviar a los numerosos mercenarios empleados por Cartago de vuelta a cabo Bon, donde esperaban recibir su pago. Cartago, probablemente debido a la falta de moneda, retrasó el pago y envió a los mercenarios a una ciudad llamada Sicca.

A medida que aumentaba el número de mercenarios y pasaba el tiempo, los soldados disponían de mucho tiempo libre para calcular cuánto creían que les debían los cartagineses. Al sentir que los cartagineses ignoraban sus demandas y debido a que los mercenarios hablaban una miríada de lenguas, lo que dificultaba la comunicación de los cartagineses con ellos, los mercenarios empezaron a hablar de rebelión. Liderados por dos mercenarios llamados Spendios y Matón, exigieron que Giscón acudiera a ellos y tratara directamente con ellos. Los cartagineses accedieron, pero los mercenarios capturaron a Giscón y a sus guardias y los mantuvieron prisioneros.

Spendios y Matón consiguieron el apoyo de los súbditos libios de Cartago, que habían sido fuertemente gravados por los cartagineses durante la primera guerra púnica. Así comenzó la guerra de los Mercenarios, y Cartago, que no deseaba otra cosa que la paz tras sus largos años de guerra con Roma, se encontró casi de inmediato en otra lucha.

Los ejércitos mercenarios y libios se dedicaron entonces a asediar Utica e Hipona, vecinas cercanas de Cartago. Los cartagineses sufrieron muchas pérdidas al principio y acabaron llamando a Amílcar Barca para que dirigiera sus fuerzas. Este se movió con rapidez y puso fin al asedio de Útica. A continuación, se enfrentó al ejército de Spendio en un campo cercano a Cartago y lo derrotó contundentemente. Matón continuó asediando Hipona mientras Spendio escapaba a Túnez. Un grupo de númidas del norte de África, liderados por un hombre llamado Naravas, llegaron a ofrecer sus servicios a Aníbal Barca, quien, a pesar de sus éxitos, seguía siendo superado en número por las fuerzas combinadas de Matón y Spendio. Barca dio la bienvenida a Naravas y le prometió la mano de su hija si los númidas lo ayudaban.

Busto de Aníbal Barca
https://commons.wikimedia.org/wiki/File:Mommsen_p265.jpg

Amílcar trató bien a los prisioneros que capturó, ofreciéndoles la oportunidad de volver a casa o unirse a su ejército. A Spendio y Matón les preocupaba que esto condujera a la desintegración de sus fuerzas, así que empezaron a convencer a sus confederados de que las acciones de Amílcar eran una treta. Uno de sus comandantes, un galo llamado Autarito, alentó la idea y convenció a Spendio para que hiciera torturar y matar a setecientos prisioneros, incluido el comandante cartaginés Giscón, cortándoles las manos y luego las extremidades antes de eliminarlos definitivamente. Cuando los cartagineses se enteraron, se indignaron y supieron que no podían seguir siendo indulgentes con los rebeldes. En el 239 a. e. c., las ciudades leales de Útica e Hipácrita mataron a los miembros de las guarniciones cartaginesas y se unieron a los rebeldes. Los rebeldes comenzaron entonces a asediar la propia Cartago.

Los rebeldes se quedaron sin suministros y se vieron obligados a poner fin al asedio de Cartago y retroceder hasta Túnez. Sin embargo, Spendio tomó un ejército de cuarenta mil hombres y hostigó al ejército de Amílcar, pero finalmente quedó inmovilizado contra una cadena montañosa llamada la Sierra. Se quedaron sin suministros y se vieron obligados a comerse a sus caballos, luego a sus prisioneros y después a sus esclavos. Spendio y sus lugartenientes llegaron a un acuerdo con Amílcar, pero fueron arrestados. El resto del ejército atacó y fue asesinado hasta el último hombre. Amílcar hizo crucificar a Spendio y a sus oficiales supervivientes frente a Túnez, donde permanecía Matón.

Al ver la situación, Matón abandonó Túnez y se enfrentó a Amílcar y a otro comandante, Hanno, en Leptis Parva. No se conservan detalles de la batalla, pero los rebeldes fueron aplastados. Matón fue hecho prisionero y arrastrado por las calles de Cartago, donde fue torturado y luego asesinado por los habitantes. Los cartagineses recuperaron todas las ciudades que se habían aliado con los rebeldes, incluidas Utica e Hipona.

La guerra de los Mercenarios tuvo consecuencias imprevistas que resultarían cruciales para el modo en que Cartago planeaba reconstruirse. En 240 o 239 a. e. c., las guarniciones cartaginesas de la isla de Cerdeña se unieron al motín, poniendo fin al control cartaginés de esta importante isla. Cuando los cartagineses enviaron una fuerza para retomar la isla, esa fuerza se unió al motín, y todos los cartagineses leales en la isla fueron asesinados. Los rebeldes de Cerdeña pidieron ayuda a Roma, que se negó. En 237 a. e. c., los indígenas de Cerdeña se sublevaron y recuperaron la isla, obligando a los rebeldes a huir. Este pueblo recurrió entonces a Roma, la cual aceptó y tomó el control de Cerdeña. Cartago protestó, declarando que estaba reuniendo una fuerza para retomar la isla. Roma lo consideró un acto de guerra y exigió que Cartago le entregara el control de Cerdeña y Córcega, además que le pagara otros 1.200 talentos. Tras treinta años de guerra, los cartagineses no tenían ánimos para seguir luchando, por lo que accedieron a las exigencias de Roma.

Amílcar Barca, que había recuperado así el norte de África para los cartagineses, fue enviado a la península ibérica para expandirse y asegurarse territorios allí. Llevó consigo a su hijo de nueve años, Aníbal. Barca murió en combate, y el mando del ejército en España pasó a su yerno, Asdrúbal. Asdrúbal gobernó en España durante ocho años. Consiguió ampliar el territorio cartaginés sobre todo por medio de la diplomacia. Fue asesinado por un celta por lo que se dice que fue algo de carácter privado. El mando recayó entonces en el joven Aníbal, hijo del gran Amílcar Barca.

Según las fuentes antiguas sobre el tema, al asumir el mando, Aníbal tenía toda la intención de reavivar la guerra con Roma. Los cartagineses, por su parte, se sintieron maltratados por Roma en la paz subsiguiente, mientras que los romanos seguían sospechando que los cartagineses intentarían recuperar su imperio.

Los ascensos de Asdrúbal y Aníbal fueron una clara muestra de cómo habían cambiado las cosas políticamente en el mundo cartaginés. A la muerte de Amílcar Barca, su sucesor habría sido elegido previamente por el Consejo de Ancianos de Cartago, pero el clan bárbaro había establecido tanto dominio en el sur de España que el ejército cartaginés se encargó de declarar a Asdrúbal nuevo líder del ejército. La Asamblea Pública de Cartago, que apoyaba totalmente a los Bárcidas, aprobó rápidamente el nombramiento. Lo mismo ocurrió cuando Asdrúbal fue asesinado; el ejército declaró a Aníbal nuevo comandante, y la Asamblea Pública aprobó la decisión, pasando por alto completamente al Consejo de Ancianos.

Aníbal era, en todo menos en el nombre, el rey de una región que abarcaba gran parte del sur de España. Gobernaba desde un palacio en una ciudad que su cuñado había fundado llamada Nueva Cartago, la actual Cartagena. Aunque la España bárbara disfrutó de una bonanza de plata y pagó rápidamente la deuda de Cartago con Roma con creces, las pruebas arqueológicas demuestran que Cartago siguió en una depresión económica durante esta época.

En el 221 a. e. c., Aníbal Barca, de veintiséis años, tomó el poder. En la élite cartaginesa había muchos resentidos por el aparente poder sin control de los Bárcidas. Las monedas acuñadas en la España bárcida durante esta época muestran a un Hércules-Melqart bien afeitado con un garrote y hojas de laurel en una cara y un elefante africano en la otra, una referencia al padre de Aníbal y al clan bárbaro en general. Aníbal pasó los dos primeros años como general ocupándose de asuntos en España y expandiendo el control cartaginés hacia el noroeste, luchando contra los celtíberos.

Desde el principio, quedó claro que Aníbal era tan buen general, si no mejor, que su famoso padre. En la primavera del 220 a. e. c., Aníbal se enfrentó a una fuerza de celtíberos superior a la suya. Fingió una retirada a través de un río y acampó. Cuando los enemigos mordieron el anzuelo, cruzaron el río y fueron emboscados por la caballería de Aníbal. Los que lograron pasar fueron aplastados por cuarenta elefantes de guerra. Aníbal cruzó fácilmente el río y acabó con el resto de las fuerzas enemigas.

Aníbal cruzó entonces el río Hiberus (actual río Ebro), tomó gran parte del territorio y se dirigió hacia la ciudad de Sagunto, aliada de Roma. En la ciudad surgió un debate entre facciones partidarias de los romanos y de los bárbaros. Los enviados romanos en la ciudad, por supuesto, se pusieron del lado de la facción a favor de los romanos e hicieron ejecutar a muchos de los del otro bando. El mensaje era claro: un ataque a Sagunto era una provocación a la guerra.

Aníbal reforzó su dominio sobre las tierras que rodeaban la ciudad, y el pueblo de Sagunto envió llamamientos a Roma, que respondió enviando emisarios para reunirse directamente con Aníbal. Los romanos, que se habían mantenido al tanto de la actividad cartaginesa en Iberia, sabían que debían hablar con Aníbal y no perder el tiempo reuniéndose con nadie en la propia Cartago. Los romanos se reunieron con Aníbal en su palacio de Nueva Cartago y le dijeron claramente que no debía interferir en Sagunto. Aníbal replicó que Roma había sido la primera en interferir en Sagunto, refiriéndose a la ejecución de procartagineses. Dijo a los romanos que era tradición cartaginesa no ignorar las injusticias. Los romanos se marcharon enfadados y viajaron a Cartago para expresar allí sus protestas.

Aníbal estaba en una posición privilegiada para tratar con tanta prepotencia a los romanos. Controlaba personalmente un vasto territorio en España que le proporcionaba abundantes alimentos y plata más que suficiente para pagar a sus tropas. Contaba con un experimentado ejército de sesenta mil soldados de infantería, ocho mil de caballería y doscientos elefantes de guerra. Estaba aliado con muchos de los líderes de su entorno y se había casado con una íbera para asegurar su posición política. Con esto en mente, hizo caso omiso de las amenazas romanas y atacó Sagunto. Tardó dieciocho meses en conquistar la ciudad, durante los cuales Roma envió más enviados a Aníbal, pero este los despidió sin verlos. Los romanos que acudieron a Cartago exigieron saber si las acciones de Aníbal estaban sancionadas por el gobierno. Los cartagineses se desentendieron. Los romanos preguntaron si Cartago quería la paz o la guerra; una vez más, los cartagineses devolvieron la pregunta a los enviados. Los romanos se decidieron por la guerra, comenzando así la segunda guerra púnica en 218 a. e. c.

Se cree que Asdrúbal había planeado cruzar de Iberia a la Galia y luego cruzar los Alpes, donde esperaba reunirse con los galos cisalpinos para atacar Roma. Sin embargo, Roma había conquistado a los galos en el norte de Italia y Asdrúbal había sido asesinado, por lo que Roma podría haber creído que la amenaza se había evitado. Sin embargo, estaba claro que Aníbal quería continuar donde lo había dejado su cuñado. Tras tomar Sagunto, envió botín a Cartago, lo que le granjeó muchos partidarios allí, aunque Hannón II, un viejo rival del padre de Aníbal, expresó su oposición a los Bárcidas. Dijo al Consejo de Ancianos que Aníbal no deseaba otra cosa que ser rey y que mientras un Bárcida controlara el ejército, nunca habría paz con Roma. Sus palabras no tuvieron ningún impacto, aunque solo fuera porque Aníbal controlaba España, que se había convertido en el territorio más rentable de Cartago. Las tribus de Iberia habían jurado lealtad a los Bárcidas, no a Cartago. Aníbal no podía ser detenido o reemplazado. Dondequiera que fuera, Cartago iba.

Roma aún no estaba preparada para movilizar un ejército, y no tenía ni idea de lo que Aníbal había planeado. Aníbal se tomó su tiempo después de la caída de Sagunto para construir su ejército y tiendas para la dura prueba por delante. Aníbal dejó a su hermano, Asdrúbal, en España para defenderla en caso de un ataque romano y para mantener a los lugareños bajo vigilancia.

El plan de Aníbal sonaba bastante sencillo. Iría por tierra hacia el norte hasta la Galia y luego hacia el este, entrando así en Italia desde el norte. Esta ruta por tierra ofrecería a Aníbal el elemento sorpresa, porque los romanos no se imaginarían que el ejército de Aníbal cruzaría los Pirineos y los Alpes, las dos cordilleras más altas de Europa occidental, para hacerles la guerra. Se trataba de un plan audaz e increíblemente arriesgado, pero Aníbal era un comandante audaz y sabía que este tipo de táctica podía reportarle grandes beneficios.

Además, no tenía muchas opciones. Tras el final de la primera guerra púnica, el dominio marítimo de Roma era incuestionable en el Mediterráneo occidental. La flota púnica al inicio de la guerra de Aníbal era de solo 37 barcos. Además, Aníbal era un comandante terrestre; no tenía grandes almirantes en los que confiar.

En 218 a. e. c., los cónsules romanos eran Publio Cornelio Escipión y Tiberio Sempronio Longo. Su plan consistía en que Escipión llevara 22.000 soldados de infantería y 2.200 de caballería y se dirigiera a España para combatir a Aníbal, que suponían que aún estaría allí, mientras que Longo llevaba 27.000 hombres y una flota de 180 barcos para invadir África.

Aníbal comenzó su campaña tomando rápidamente varias ciudades y conquistando tribus en la actual Cataluña. Esto era especialmente importante porque se sabía que algunas de estas tribus mantenían relaciones amistosas con los romanos. En aquel momento, Aníbal contaba con unos cincuenta mil soldados de infantería, nueve mil de caballería y varios cientos de elefantes de guerra. Dividió sus fuerzas en tres columnas, cada una de las cuales cruzó el río Ebro. El cruce del río y el sometimiento de las tribus de la zona le llevó un total de dos meses, durante los cuales Aníbal perdió unos trece mil hombres. La marcha a través de los Pirineos y hasta el río Ródano transcurrió sin incidentes. Publio Escipión había recibido órdenes del Senado de desviar su rumbo y encontrarse con Aníbal en el noroeste de España, pero no fue lo bastante rápido y no alcanzó al enemigo. En Massalia (la actual Marsella) se enteró de que Aníbal no estaba en Cataluña, como esperaba, sino a cuatro días del Ródano.

Los romanos intentaron salir al encuentro de Aníbal cuando cruzaba el río Ródano. Sin embargo, Aníbal ya estaba haciendo la travesía desde la orilla oeste. En la orilla este había una tribu gala llamada los Cavares, que estaban preparados para atacar al ejército cartaginés cuando cruzara. Sin embargo, Aníbal tomó como modelo a Alejandro Magno, recordando cuando el rey macedonio cruzó el río Hidaspes en la India. Aníbal hizo que uno de sus comandantes tomara una ruta norte alrededor de los Cavares y atacara su flanco justo cuando el ejército principal de Aníbal realizaba el cruce. De esta forma, Aníbal pudo aplastar a los Cavares y cruzar el río sin problemas.

Aníbal tenía que llegar del Ródano a los Alpes lo antes posible para poder cruzar las montañas antes de que llegara el invierno. Si no lo conseguía a tiempo, perdería el factor sorpresa y los romanos podrían formar un ejército que le impidiera entrar en Italia. Hizo que su caballería bordeara su flanco derecho, que era el lado cercano al mar, ya que creía que los romanos podrían desembarcar barcos y atacar desde esa dirección. La caballería podría entonces contener al enemigo mientras la infantería de Aníbal formaba sus líneas. Aníbal permaneció en la retaguardia de su fuerza con los elefantes de guerra, que ahora eran 37, ya que también creía que los romanos podrían estar detrás de él y llegar desde esa dirección. La caballería recorría unas diecinueve millas al día, mientras que la infantería recorría doce. Para un ejército antiguo que atravesaba un terreno accidentado y desconocido, se trataba de una velocidad excepcional.

El ejército de Aníbal finalmente llegó a los Alpes. La ruta que siguió sigue siendo objeto de acalorados debates, como ocurría en la antigüedad. Existen al menos cinco teorías populares, además de otras muchas aceptables. Se cree que pudo haber tomado el paso del Pequeño San Bernardo, que va de Saboya (Francia) al valle de Aosta (Italia). La carretera moderna que lo atraviesa está cerrada de noviembre a finales de abril. También podría haber tomado el Col de Clapier desde Savoie (Francia) hasta la región italiana del Piamonte. Está el Col de la Traversette, donde los sedimentos parecen haber sido removidos aproximadamente a principios del siglo III a. e. c.; sin embargo, no se han encontrado artefactos cartagineses, ni los reveladores huesos de elefantes. Otra teoría sugiere el Col de Montgenèvre, conocido por los romanos y que acabaría siendo utilizado por Julio César cuando inició su campaña en la Galia. También se habla de un paso que iba desde Val-Cenis, en Francia, hasta Susa, en Italia. Actualmente, no existe una respuesta definitiva.

El cónsul Publio llegó al Ródano y se encontró con que el ejército cartaginés ya había cruzado. Para entonces, podría haber averiguado cuál era el plan de Aníbal. También habría sido consciente de que el general cartaginés estaba llevando a cabo su estrategia con gran rapidez. Publio envió a su hermano a seguir atacando a los cartagineses en España, mientras él planeaba regresar a Italia y encontrarse con Aníbal cuando descendiera los Alpes.

El viaje de Aníbal a través de los Alpes se ha convertido en algo más legendario que real, pero ciertamente se llevó a cabo, y debió de ser una prueba agotadora para todos los implicados, incluidos los animales. La nieve había empezado a caer en muchos lugares. Hombres y bestias resbalaban de los altos senderos y se estrellaban contra las rocas de abajo. La capacidad de Aníbal para mantener a sus hombres en marcha y detener cualquier acción amotinada es un testimonio de su habilidad como líder. Muchos de los hombres del ejército nunca habían visto la nieve y nunca habían cruzado semejantes montañas; debió de parecerles imposible, pero Aníbal los mantuvo en marcha.

Los hombres no solo tuvieron que enfrentarse al clima y al terreno. También se vieron acosados por tribus locales que esperaban obtener botín y expulsar a los forasteros de su tierra natal. Sin embargo, a medida que los cartagineses ascendían por las montañas, estos ataques cesaban porque habían llegado a una tierra donde no vivía ningún hombre. Finalmente llegaron a la cresta de una enorme montaña, donde Aníbal pronto pudo mostrar a sus hombres el valle del Po que se extendía ante ellos. Allí, les dijo, era donde derrotarían a su eterno enemigo, los romanos. Los ánimos de sus hombres se levantaron y comenzaron la peligrosa tarea de descender los Alpes.

Cuando el ejército de Aníbal llegó al valle del Po y completó el cruce de los Alpes, contaba con veinte mil soldados de infantería, seis mil de caballería y un número desconocido de elefantes de guerra, que ahora estaban enfermos y famélicos tras la travesía. Descendieron en algún momento del otoño del año 218 a. e. c. Tras un breve periodo de descanso, los cartagineses atacaron a los hostiles taurinos, una tribu celtaligur. Los derrotaron y saquearon sus reservas de alimentos. A finales de noviembre, Publio Escipión y Aníbal se enfrentaron en batalla. Esta sería la primera vez que Aníbal se enfrentaba a las fuerzas romanas en suelo italiano. Al principio fue una batalla de caballería, con Aníbal teniendo la fuerza en número, pero Escipión creía que sus soldados eran los mejores luchadores.

Cuando se encontraron, se desató un combate cuerpo a cuerpo. La caballería númida de Aníbal flanqueó a los hombres de Escipión, haciendo que los romanos se desmoronaran y huyeran. Aníbal regresó a su ejército y se preparó para la batalla principal, pensando que la batalla de caballería había sido solo una escaramuza, pero Escipión, quizás sintiendo que sus hombres habían perdido la moral, se retiró por el río Po. Esto no fue solo una derrota para los romanos; la batalla también provocó que todas las tribus galas locales se pusieran del lado de los cartagineses. El ejército de Aníbal aumentó drásticamente de tamaño tras la batalla de Ticino. No se puede exagerar la importancia de esta victoria.

Escipión retrocedió hasta el río Trebia, y Aníbal lo siguió. Mientras tanto, el Senado romano había tomado la decisión de abandonar el plan del cónsul Tiberio Sempronio Longo de intentar una invasión de África, ordenando en su lugar a Longo que diera media vuelta desde Sicilia y acudiera en ayuda de Escipión. Longo actuó con rapidez y llegó al campamento de Escipión antes de que Aníbal pudiera atacar. Se cree que los romanos contaban con unos 38 mil soldados de infantería y 4 mil de caballería. Los cartagineses tenían unos 29 mil infantes y 11 mil jinetes.

Como ambos cónsules estaban con el ejército romano, alternaban el mando cada dos días y acampaban en lugares separados. Aníbal aprovechó esta circunstancia. Esperó a que el inexperto y temerario Longo estuviera al mando para comenzar su ataque. Escipión, que había resultado herido en el enfrentamiento anterior, había querido esperar hasta después del invierno para luchar contra Aníbal, pero Longo quería la gloria de derrotar al temido general cartaginés.

La mañana de la batalla de Trebia, Aníbal envió a su caballería númida para provocar a los romanos. Longo cayó en la trampa en su afán por combatir a los cartagineses. Envió a todo su ejército tras los númidas, que giraron y tomaron posiciones en las alas del ejército de Aníbal. Los romanos cruzaron el río Trebia, que les llegaba al pecho y estaba helado. Los cartagineses se contuvieron y esperaron la llegada de los romanos. El resultado era casi predecible. La infantería del centro se enfrentó y la lucha fue encarnizada, con los romanos sacando la mejor parte. Sin embargo, las alas de caballería cartaginesas derrotaron rápidamente a la caballería romana.

Mientras tanto, un contingente de dos mil soldados al mando de otro de los hermanos de Aníbal, Mago, se reveló desde su escondite en la retaguardia de los romanos y atacó a la infantería de retaguardia desguarnecida. Los romanos cedieron y comenzaron a huir. El número de muertos romanos se estimó en unos quince mil, lo que supuso una gran pérdida. Aun así, la lucha había sido dura, y los cartagineses perdieron unos cinco mil hombres, hombres que serían más difíciles de reemplazar que los romanos teniendo en cuenta su ubicación. Aun así, no importa cómo Sempronio Largo presentara la batalla al Senado, era claramente una derrota devastadora. Ambos ejércitos se instalaron en sus cuarteles de invierno a la espera de la primavera.

Mientras tanto, Cneo Cornelio Escipión, hermano de Publio Escipión, desembarcó con su flota en la costa de España y comenzó a atacar ciudades aliadas de los cartagineses. Consiguió capturar a un general cartaginés y a un déspota ibérico. El hermano de Aníbal, Asdrúbal, se enteró de estos ataques y se aventuró hacia el norte, destruyendo barcos romanos y asegurando ciudades que habían sido tomadas por los romanos, aunque aún no se enfrentó a Cneo en batalla abierta. En su lugar, se retiró al sur del río Ebro y acampó para pasar el invierno. Cneo Escipión permaneció al norte del Ebro y también se instaló para pasar el invierno.

Durante el invierno, Aníbal tomó varias precauciones para asegurarse de que su ejército estuviera listo en primavera. Le preocupaba especialmente la actitud de los galos del norte de Italia que lo rodeaban, algunos de los cuales se habían unido recientemente a su ejército. Trataba mal a sus prisioneros romanos, pero trataba bien a los prisioneros galos y finalmente los liberaba para que regresaran a sus hogares. Con ello esperaba conseguir el apoyo de las tribus locales. Sin embargo, Aníbal era consciente de que podía haber espías y asesinos entre ellos, por lo que se hizo confeccionar varias pelucas de distintos colores, que cambiaba regularmente, junto con ropas diferentes para que la gente no pudiera reconocerlo fácilmente. Aunque Aníbal consiguió sobrevivir al invierno, junto con la mayor parte de su ejército, a sus elefantes de guerra no les fue tan bien. Cuando cambió el tiempo, y llegó de nuevo el momento de ponerse en marcha, solo quedaba un elefante.

En la primavera de 217 a. e. c., Aníbal decidió dirigirse hacia el sur. Los nuevos cónsules romanos, Cneo Servilio y Cayo Flaminio, tenían ejércitos separados y estaban preparados para detener a Aníbal por la ruta oriental u occidental hacia Roma. Aníbal, sin embargo, decidió tomar una ruta más difícil pero más directa a través de la desembocadura del río Arno, que era un gran pantano. El camino fue duro, sobre todo para sus aliados galos, y como gran parte del terreno que atravesaban estaba cubierto de agua, no pudieron dormir durante días enteros. Aníbal incluso perdió el ojo derecho por conjuntivitis durante el viaje.

El ejército llegó a Etruria. Aníbal quería atraer al ejército de Flaminio fuera de su campamento destruyendo gran parte de la tierra que debían proteger. Aníbal atacó lugares detrás de la posición defensiva de Flaminio en un esfuerzo por sacarlo de su lugar protegido. Flaminio acabó dándose cuenta de que no podía quedarse de brazos cruzados y salió en persecución de Aníbal. El ejército cartaginés tendió una emboscada a los romanos en un estrecho paso a orillas del lago Trasimeno.

El ejército cartaginés acampó, pero realizó complicadas marchas nocturnas para disponerse a lo largo de la cresta sobre un paso estrecho. Flaminio no envió exploradores antes de adentrarse en el paso, lo que no era nada extraordinario. Aníbal esperó a que los romanos estuvieran completamente dentro de la trampa antes de soltar a sus soldados. Las fuerzas combinadas galas, ibéricas y africanas se abalanzaron sobre los flancos y la retaguardia de los romanos, que no se lo esperaban, y los diezmaron. De los veinticinco mil romanos implicados, solo unos pocos miles escaparon con vida. Flaminio fue supuestamente asesinado por un galo. Las unidades de caballería de Cneo, que desconocían lo que le había ocurrido al ejército de Flaminio, estaban explorando cuando también fueron derrotadas por las fuerzas de Aníbal unos días después de la batalla del lago Trasimeno. Cneo retiró sus fuerzas y se retiró a Ariminum, la actual Rímini, en la costa adriática.

Cuando las noticias del resultado de la batalla llegaron a Roma, el pánico se apoderó de la ciudad. Temiendo que Aníbal llegara a las puertas de Roma en cualquier momento, los romanos tomaron medidas drásticas. Desecharon la idea de elegir nuevos cónsules y en su lugar nombraron a un dictador: Quinto Fabio Máximo. Procedía del apreciado clan Fabia, que afirmaba descender de Hércules y se contaba entre los primeros seguidores de Rómulo y Remo, los legendarios fundadores de Roma. Aunque Quinto Fabio era dictador, no se le permitió elegir a su segundo al mando. Los romanos nombraron a un rival político, Marco Minucio Rufo, para ese puesto.

Aníbal, sin embargo, decidió no asediar Roma. Tras la marcha por los pantanos y las batallas posteriores, sabía que sus hombres y caballos necesitaban descansar. Marchó hacia el Adriático y se estableció allí durante algún tiempo para alimentar a sus soldados y animales con los abundantes productos de la zona. También equipó a parte de su ejército con las armas y armaduras que habían arrebatado a los romanos. Envió un mensaje a Cartago con los detalles de su campaña y sus victorias contra los romanos. El pueblo de Cartago estaba eufórico y envió tropas tanto a España como a Italia. Aníbal marchó entonces con su ejército a través de Italia, devastando la campiña.

Mientras tanto, Fabio había sido capaz de reunir cuatro legiones para la emergencia y marchó de Roma a Rímini, donde relevó a Cneo del mando y lo envió de vuelta a Roma para prepararse para cualquier posible ataque cartaginés por mar. Fabio se acercó entonces al ejército de Aníbal y acampó. Al ver a los romanos, Aníbal sacó a su ejército y dispuso a sus hombres para la batalla, pero los romanos no salieron a su encuentro. Fabio había aprendido de los errores de su predecesor. Adoptó una estrategia en la que no se enfrentaría a Aníbal en un combate sin cuartel, sino que atacaría sus líneas de suministro y hostigaría al enemigo en una guerra de desgaste. Esto acabaría llamándose la «estrategia fabiana». Los cartagineses eran un ejército preparado para la batalla, y su éxito residía en la victoria en el campo de batalla. Fabio se dio cuenta de que los romanos estaban en una posición completamente diferente. Disponían de suministros y hombres casi ilimitados, pero casi con toda seguridad serían derrotados en un enfrentamiento tradicional. Sin embargo, el segundo al mando de Fabio, Marco, criticó abiertamente al dictador por lo que consideraba debilidad y cobardía.

Aníbal hizo todo lo que pudo para intentar atraer a Fabio a una batalla. Incluso arrasó todas las tierras de los alrededores de la finca de Fabio, pero dejó intactas las del dictador, lo que acrecentó el rumor de que Fabio colaboraba de algún modo con Aníbal. Sin embargo, pasó un año sin que se produjera una batalla decisiva.

Al año siguiente, 216 a. e. c., la dictadura de Fabio llegó a su fin y los romanos 87 mil soldados. Los romanos eligieron a dos cónsules: Cayo Terencio Varrón y Lucio Emilio Paulo, que tenían puntos de vista opuestos sobre cómo debía llevarse a cabo la guerra contra Aníbal. Paulo estaba a favor de la estrategia fabiana, pero Varrón quería derrotar a los cartagineses de una vez por todas. Finalmente, a finales de julio, el ejército romano siguió la pista de Aníbal hasta una pequeña ciudad llamada Cannas. El 1 de agosto, Aníbal se ofreció a enfrentarse a los romanos en una batalla abierta, pero Paulo estaba al mando ese día y se negó. Al día siguiente, volvió a ofrecer lo mismo; Varrón estaba más que dispuesto a enfrentarse al ejército cartaginés.

Los romanos se establecieron en una formación lineal, mientras que Aníbal puso sus tropas en forma de media luna, con sus soldados menos fiables en el centro. Los romanos avanzaron por el centro, pero luego se vieron rodeados por las fuerzas cartaginesas, que se cerraron y derrotaron a los romanos, numéricamente superiores. La derrota en la batalla de Cannas no decidió la guerra, pero provocó que algunos aliados italianos abandonaran Roma y se pasaran al bando cartaginés. Con esta victoria, el camino hacia Roma quedaba abierto, pero parece que el objetivo principal de Aníbal no era sitiar Roma, lo que sería largo y costoso. Sin duda quería seguir ganándose a los aliados de Roma en Italia, pero parece que buscó establecer términos de paz tras Cannas, ya que envió varios mensajeros a Roma para rescatar prisioneros. Sin embargo, Roma rechazó la oferta y prohibió el pago de rescates por prisioneros, además de anunciar públicamente su intención de luchar hasta el amargo final.

Durante los años siguientes, las cosas siguieron un patrón similar. Roma siguió reclutando más tropas y acabó permitiendo que los criminales y los pobres fueran soldados. En 214 a. e. c., los romanos tenían dieciocho legiones; al año siguiente, veintidós. En total, Roma tenía unos 100.000 soldados, sin contar las tropas aliadas, pero estaban divididos en fuerzas de unos 20.000 soldados. Así, no podían enfrentarse directamente a Aníbal, pero sí obstaculizar sus movimientos. La mayor parte del sur de Italia, que antes habían sido ciudades griegas, se pasó al bando cartaginés. Macedonia envió emisarios y estableció una alianza con Aníbal. Incluso se produjo una rebelión procartaginesa en Cerdeña, pero los romanos pudieron sofocarla rápidamente.

Fabio se convirtió en cónsul y continuó con su estrategia. Once años después de Cannas, la guerra se extendió por el sur de Italia. En 207 a. e. c., Asdrúbal Barca siguió a su hermano y cruzó los Alpes hacia la Galia Cisalpina. En 205 a. e. c., otro hermano de Aníbal, Mago Barca, desembarcó con sus tropas en el noroeste de Italia tras haber sido derrotado por las fuerzas romanas en Iberia.

Sin embargo, en 204 a. e. c., Publio Cornelio Escipión, el general romano que había derrotado a Mago, llevó a cabo su planeada invasión de África. Escipión era hijo de un antiguo cónsul también llamado Publio Cornelio Escipión, que había muerto luchando contra Asdrúbal Barca en España. Fue el único que pidió el mando del ejército en España, ya que se consideraba imposible de ganar. Tras derrotar a Mago, Escipión rechazó la idea de regresar a Italia, pues consideraba que la mejor opción era llevar la guerra a Cartago. Cuando llegó a África, el comandante númida, Masinisa, se alió con los romanos. Escipión derrotó rápidamente a dos ejércitos cartagineses. Debido a este repentino cambio en los acontecimientos y al hecho de que la ciudad estaba en peligro de ser tomada, Cartago llamó a Aníbal y a Mago de vuelta a África. Aníbal y Escipión se enfrentaron en la batalla de Zama en 202 a. e. c.

Aníbal contaba con 36.000 soldados de infantería, 4.000 de caballería y 80 elefantes de guerra. Escipión mandaba 29.000 soldados de infantería y más de 6.000 de caballería. Ambos desplegaron su infantería en el centro en tres líneas y su caballería en las alas. Escipión y Aníbal se habían estudiado mutuamente y conocían sus puntos fuertes y débiles.

Aníbal retuvo su centro para evitar ser rodeado por las alas de Escipión. Por su parte, Escipión sabía que los elefantes de guerra podían embestir, pero solo en línea recta. Por ello, hizo que sus hombres dejaran huecos en sus líneas por los que pudieran pasar los elefantes sin causar daños reales.

La lucha fue feroz; parecía que Aníbal había encontrado en Escipión a su rival. La caballería cartaginesa fue derrotada y la romana pudo rodear al ejército de Aníbal. Finalmente, Aníbal fue derrotado. Fue el final de la segunda guerra púnica.

Capítulo ocho: *Carthago Delenda Est* («Cartago debe ser destruida»)

Aníbal pudo escapar de los romanos. Se dirigió a Cartago y aconsejó al Consejo de Ancianos que iniciara inmediatamente las negociaciones de paz. Los términos de paz que los romanos propusieron incluían la pérdida de todo el territorio fuera de su hogar en el norte de África. Además, se prohibía a Cartago librar cualquier guerra fuera de África e incluso entonces debía pedir permiso a Roma. La indemnización ascendía a diez mil talentos de plata a pagar en cincuenta años. Esta cantidad era diez veces superior a la del tratado de 241 a. e. c. Cartago también tuvo que renunciar a sus elefantes de guerra y no podía tener más de diez buques de guerra. El Consejo de Ancianos aceptó los términos. Escipión llevaría para siempre el nombre de «el Africano» por sus conquistas en el continente. El Senado romano aprobó los términos, y el tratado fue ratificado en el norte de África. La flota de Cartago fue quemada ante la ciudad, y Escipión regresó a Roma, donde disfrutó de un triunfo.

Aníbal quedó a cargo de parte de su ejército, que se dedicó a plantar olivares. Luego se dedicó a la política. Aníbal pronto ganó popularidad entre los ciudadanos comunes al corregir la corrupción dentro del gobierno. Propuso una nueva ley en la que los miembros del Consejo de los 104 se decidirían por elecciones. A continuación, llevó a cabo una auditoría de los ingresos del estado y encontró pruebas de malversación de fondos por parte de los funcionarios. Como resultado, Aníbal pronto se enemistó con la élite política. Era un líder populista e inició un programa de construcción para mejorar la ciudad.

El Consejo de Ancianos empezó a preocuparse de que Aníbal intentara una toma autocrática de Cartago. El consejo envió informes a Roma, diciendo que Aníbal estaba conspirando con el enemigo, Antíoco del Imperio seléucida. Los enviados romanos llegaron para investigar, y Aníbal huyó a la corte de Antíoco, ya que era el único lugar donde podía encontrar seguridad.

Una vez allí, Aníbal propuso un ataque a la península itálica. Los cartagineses volvieron a enviar informes a Roma sobre las actividades de Aníbal, que se encontró en las afueras de la corte de Antíoco. Los seléucidas intentaron expandir su imperio, pero fueron derrotados por los romanos en 190 a. e. c., por lo que Aníbal huyó de nuevo, yendo y viniendo de varias cortes helenísticas. Finalmente llegó a Bitinia, pero su presencia fue descubierta por el general romano Tito Quincio Flaminino. Antes de que los soldados bitinios pudieran entregarlo a los romanos, tomó el veneno que siempre llevaba consigo. Aníbal murió en 181 a. e. c.

En 180 a. e. c., Cartago experimentó una notable recuperación, ya que se había liberado de los problemas de la construcción de un imperio y de la guerra. Los cartagineses pudieron saldar su deuda con Roma tras solo diez años, pero los romanos denegaron su petición. Cartago fue capaz de suministrar millones de fanegas de grano a Roma y, sin duda, le sobró bastante. La economía agrícola de Cartago creció rápidamente, mientras que Roma tuvo que recurrir a la ayuda de aliados debido a las constantes guerras. Los cartagineses también mejoraron sus astilleros. El puerto circular era capaz de albergar al menos 170 naves, aunque esto habría sido mucho más de lo estipulado en el tratado de paz firmado con Roma.

Parece que estos puertos, que posiblemente se construyeron en esta época, se crearon para ser invisibles desde la orilla de la ciudad. El puerto se construyó tierra adentro y habría sido imposible verlo desde los barcos que pasaban por delante de la ciudad. Aun así, los romanos tenían emisarios que entraban regularmente en la ciudad y habrían sabido de la construcción de estos puertos. Parece más probable que el puerto interior no se utilizara exclusivamente para barcos de guerra, sino también para la flota comercial de Cartago.

Cartago tenía un problema mayor con el rey Masinisa, el númida que tan buenos servicios había prestado a Escipión. Masinisa, como númida, estaba celoso del poder de Cartago y aprovechó los resultados de la segunda guerra púnica para aumentar su poder. Utilizó su posición para mantener a los romanos recelosos y desconfiados de los cartagineses. Masinisa a menudo se apoderaba de parte de la producción agrícola del norte de África. Las tensiones entre Cartago y Numidia provocaron el despacho de enviados a Roma, pero Roma tendía a favorecer casi siempre a sus aliados, los númidas. De hecho, uno de los hijos de Masinisa, Gulusa, viajó a Roma para advertir al Senado que tuviera cuidado con Cartago, que según él estaba preparando una gran flota para derrotar a los romanos. Esta acusación nunca llegó a concretarse, pero contribuyó a avivar el fuego de las actitudes contra los cartagineses en Roma.

En 162 a. e. c., Masinisa invadió las tierras de cultivo de Syrtis Minor, un territorio que Cartago había poseído durante siglos. Roma falló a favor del rey númida y obligó a Cartago a entregar las ciudades comerciales de la costa y a pagar a los númidas quinientos talentos. Masinisa volvió a hacer lo mismo con algunas tierras de la región de Tusca. Cartago volvió a quejarse a Roma.

Roma envió un emisario encabezado por Marco Porcio Catón, que entonces tenía 81 años. Catón había servido en la segunda guerra púnica, y su odio hacia Cartago era tan fuerte como su voluntad política. Catón llegó a Cartago en el año 152 a. e. c. y falló a favor de Numidia, pero también le horrorizó lo que encontró en Cartago. La ciudad estaba repleta de hombres vigorosos y rebosante de riquezas. Había armas de todo tipo. Vio cosechas en abundancia en el campo. Los enviados encontraron madera almacenada, que creyeron que podría ser para los barcos de guerra que Cartago supuestamente estaba construyendo.

Cuando Catón regresó a Roma, se dedicó a convencer a sus colegas senadores de las medidas que debían tomarse. Terminaba cada discurso con «Carthago delenda est» o «Cartago debe ser destruida». Consideraba que Cartago no solo estaba a punto de recuperar sus ejércitos y riquezas, sino que también había aprendido de sus errores anteriores y aniquilaría a Roma. A Catón se oponía una facción liderada por Escipión Nasica, sobrino de Escipión el Africano, que creía que la destrucción completa de Cartago destruiría el equilibrio de Roma. Sin un adversario claro, Roma se embriagaría de codicia y poder. Los argumentos de Escipión Nasica nos llegan de escritores posteriores, quienes, por supuesto, sabían que la República romana acabaría cayendo en una guerra civil y que la república sería sustituida por un imperio. Es posible que Escipión simplemente pensara que no había una justificación clara para la guerra contra Cartago. Pero esto no parecía preocupar a Catón.

A finales del siglo 150 a. e. c., Cartago tenía claro que su tratado con Roma no ofrecía protección, sino solo obligaciones. Los cartagineses no podían confiar en que Roma les ayudara en sus tratos con los númidas. Un grupo liderado por Amílcar el Samnita y Cartalón obtuvo el apoyo popular en Cartago por su creencia de que la ciudad necesitaba defenderse. Masinisa envió a dos de sus hijos para exigir que se establecieran líderes proclives a los númidas en la ciudad. A sus hijos no se les permitió entrar en Cartago, por lo que fueron emboscados por Amílcar. Se declaró la guerra entre Cartago y Numidia.

Tras una breve batalla, los cartagineses fueron rodeados, privados de comida y masacrados. Como resultado, Masinisa se apoderó de otra gran parte del territorio cartaginés. El mayor problema era que los cartagineses habían violado los términos de paz establecidos en 201 a. e. c.; habían declarado la guerra sin la aprobación de Roma. Desde entonces, Roma había resuelto sus guerras en Macedonia y Grecia, por lo que ahora contaba con un gran ejército que podía utilizar para atacar Cartago y responder a las demandas de Catón. En 150 a. e. c., Roma movilizó un ejército hacia el norte de África. Cartago despachó enviados a Roma, pero cuando llegaron a Italia, el ejército ya había partido hacia Sicilia. Los enviados cartagineses fueron recibidos con frialdad. Cuando explicaron que iban a ejecutar a los que habían dirigido la guerra contra Numidia, los romanos preguntaron por qué no estaban ya muertos. Cuando los cartagineses preguntaron qué podían hacer para expiar sus crímenes, el Senado les dijo simplemente que debían satisfacer al pueblo romano. Catón reunió al Senado, exigiendo saber por qué debían perdonar a Cartago después de todas las veces que su pueblo había actuado cruelmente y roto la confianza con Roma.

Roma, montando una farsa de posible reconciliación, pidió a Cartago trescientos hijos nobles como señal de buena fe. Al mismo tiempo, un ejército de ochenta mil soldados de infantería y cuatro mil de caballería, dirigido por los cónsules Lucio Marcio Censorino y Manio Manilio, se dirigía al norte de África. El ejército desembarcó en Útica y explicó a los cartagineses cómo se podía evitar la guerra. Los cartagineses enviaron emisarios y los cónsules les dijeron que debían entregar todas sus armas. Cartago entregó armas para veinte mil hombres y dos mil grandes catapultas. Los romanos les dijeron entonces que podían vivir libremente bajo sus propias leyes, pero que debían trasladar su ciudad y permitir que la actual fuera destruida. Los enviados intentaron argumentar en contra de esta destrucción, pero sus súplicas cayeron en saco roto. Tuvieron que regresar a Cartago para dar la desafortunada noticia de que la ciudad que amaban sería arrasada.

Sin embargo, los cartagineses no aceptaron las condiciones de Roma y comenzaron a prepararse para la guerra. Todos los edificios se convirtieron en talleres para fabricar armas. Las mujeres se cortaban el pelo para fabricar catapultas. Todos los esclavos fueron liberados y Asdrúbal, que había escapado a la ejecución, fue puesto al mando de toda la operación. Roma se preparó para sitiar la ciudad. El asedio comenzó en 149, pero se prolongó hasta 148 a. e. c. Asdrúbal había conseguido sacar a su ejército de la ciudad y estaba interrumpiendo las líneas de suministro romanas en el interior cartaginés. Así, los romanos seguían sin tener éxito en el 147 a. e. c.

Pero este fue el año en que Escipión Emiliano, nieto adoptivo de Escipión el Africano, ascendió al consulado y fue puesto al mando de la campaña africana. Escipión actuó con rapidez y corrigió lo que consideraba una disciplina laxa en las filas romanas. Centró su ejército en torno a Cartago y dirigió un audaz ataque nocturno con cuatro mil hombres. Sus fuerzas lograron superar las defensas y entrar en la ciudad. Sin embargo, pronto se dio cuenta de que su posición era indefendible, por lo que regresó con el resto de su ejército.

Sin embargo, las cosas dentro de la ciudad se habían deteriorado. Al darse cuenta de que no había posibilidad de rendición, cualquiera que hablara en contra de los dirigentes era ejecutado. Los prisioneros romanos fueron asesinados en las murallas de la ciudad a la vista del ejército romano. Escipión intentó cortar el puerto de Cartago construyendo un gran muelle, o calzada, a través de él, pero los cartagineses simplemente cavaron otra trinchera desde el puerto hasta el mar. Una armada recién construida salió por esta abertura y atacó a los barcos romanos en la batalla del Puerto de Cartago, pero se vio obligada a retirarse. Muchos barcos se hundieron o fueron capturados. Escipión también atacó al ejército cartaginés en el campo de batalla, invadió su campamento y mató a muchos de sus soldados.

El mando de Escipión se prorrogó un año más. En la primavera de 146 a. e. c., lanzó un asalto a gran escala que logró abrir una brecha en las murallas de la ciudad. Durante los seis días siguientes, romanos y cartagineses lucharon en las calles, incendiando muchos edificios. Se produjo una terrible matanza hasta que Escipión empezó a permitir que los cartagineses se entregaran en lugar de simplemente matarlos. Esto fue así excepto para novecientos desertores romanos que quedaron atrapados en el templo de Eshmún. Los desertores, sabiendo que toda esperanza estaba perdida, prendieron fuego al templo y murieron dentro.

El líder cartaginés, Asdrúbal, acabó rindiéndose a Escipión. Al ver esto, su esposa llevó a sus hijos a un edificio en llamas mientras maldecía a su marido. Este no fue solo el final de la tercera guerra púnica, sino también el final de la antigua Cartago, una de las ciudades más grandes del Mediterráneo occidental y, en su día, el centro de un gran imperio. Cartago quedaría en ruinas durante cien años, solo para ser reconstruida como ciudad romana. La ciudad sobrevivió hasta la Edad Media, pero nunca volvió a ser realmente Cartago.

Capítulo nueve: Gobierno y ejército

Como cualquier otra nación o imperio, el gobierno y el ejército cartagineses cambiaron con el tiempo. Al principio, se creía que Cartago era un gobierno oligárquico. La ciudad estaba gobernada por una élite aristocrática llamada los *b'lm*, o los príncipes. Este grupo controlaba todas las decisiones judiciales, gubernamentales, religiosas y militares importantes del estado. Al parecer, los antiguos griegos creían que los cartagineses estaban gobernados por reyes, pero esto parece haber sido un malentendido, probablemente debido a que los príncipes estaban dirigidos por una única familia dinástica, como los magónidas o los Bárcidas. Los cartagineses parecían tener tendencia a otorgar el poder político a un hijo tras la muerte del padre, pero era diferente de una monarquía, en la que el poder pasaba automáticamente de padre a hijo. En Cartago no existía una línea sucesoria clara. Podemos verlo cuando murió Amílcar Barca; en lugar de que el poder pasara directamente a Aníbal, pasó a su cuñado mayor y presumiblemente más competente, Asdrúbal. No fue hasta que Asdrúbal fue asesinado que Aníbal pudo hacerse con el poder.

Incluso cuando un hijo llegó a ser el más grande entre los príncipes, no era un gobernante autocrático. Hubo varios consejos que pudieron, más o menos, controlar su poder. Estaba, por supuesto, la Asamblea Popular, que parece haber formado parte del panorama político de Cartago algún tiempo después de la pérdida de Siracusa a manos de

Gelón, pero inicialmente no tenía mucho poder. Este órgano estaba compuesto por ciudadanos de Cartago, y había varios requisitos que cambiaron a lo largo de los años, como la edad, la propiedad y la riqueza. Sin embargo, se desconocen por completo los detalles de quién podía participar en la Asamblea Popular y quién no, debido a la pérdida de todos los registros de Cartago cuando la ciudad fue incendiada por los romanos. Sin embargo, la Asamblea Popular experimentó un gran aumento de poder gracias al ascenso de los Bárcidas tras las guerras sicilianas. Amílcar pudo hacerse con el mando general de un ejército en Libia simplemente por votación popular, algo que habría sido inaudito una generación antes. El ciudadano de a pie, o *s'mm*, tenía entonces una muestra de influencia a la que no renunciaría.

También existía el Consejo de Ancianos, que parece haber sido una institución muy antigua dentro de la ciudad. Se trataba, como su nombre indica, de un consejo de venerados miembros ancianos de la élite cuyo poder aumentaba y disminuía con el paso de los años. Podían decidir quién controlaba el ejército, quién dirigía los asuntos exteriores y quién tenía el control del tesoro.

Tras la pérdida de Siracusa a manos de Gelón, se formó otro consejo: el Consejo de los 104. Este consejo nombraba comisarios especiales, las *Pentarquías*, que se ocupaban de una amplia gama de asuntos de estado. El Consejo de los 104 era un consejo de jueces que, según Aristóteles, constituía la máxima autoridad constitucional. Tenían la capacidad de juzgar a los generales, además de otros muchos poderes. Esto era especialmente importante porque los generales gozaban de gran autonomía en el gobierno cartaginés, y los 104 ejercían un control sobre su poder. Los 104 también controlaban al Senado, a los generales y a los *shophets* o *sufetes*. Los *sufetes* eran líderes cívicos. El nombre es de origen semítico, al igual que el concepto. Al igual que los cónsules de Roma, había dos *sufetes* elegidos anualmente que actuaban como jueces y presidentes del senado. También llevaban los asuntos ante la Asamblea Popular. Con el tiempo, el término se utilizó de forma más amplia, ya que había *sufetes* en varios lugares del Imperio cartaginés.

Como ya se ha señalado, el Imperio cartaginés no era la nación rígida y claramente definida en la que se podría pensar cuando se piensa en un imperio. Cartago dio mucha autonomía a sus posesiones y se basó en tratados y alianzas tanto como en la conquista a gran escala. Cartago no parece haber tenido la costumbre de dejar guarniciones en las ciudades que conquistaba, como hacían romanos y griegos. Esto era a la vez beneficioso y perjudicial para Cartago, ya que no necesitaba extender su población y sus recursos por una amplia zona, pero también facilitaba la rebelión de las ciudades. Regiones enteras podían perderse rápidamente, como Cerdeña y Córcega.

Durante muchos siglos, Cartago dependió en gran medida de su armada para proteger sus barcos comerciales y puertos, además para mantener bajo control sus diversos territorios. Esto, por supuesto, cambió durante las guerras púnicas. Sin embargo, su ejército terrestre era igual de importante y participaba en tantas actividades como sus fuerzas en el mar. Ambas áreas debían trabajar a menudo de forma concertada, como cuando era necesario transportar tropas o asediar ciudades. Esto significaba que los generales necesitaban tener autoridad suprema mientras llevaban a cabo acciones militares. Los generales cartagineses no tenían que esperar la aprobación del senado antes de actuar, como hacían sus homólogos romanos, pero corrían el riesgo de ser procesados posteriormente por los 104 si se consideraba que sus acciones eran erróneas. Por este motivo, muchos generales cartagineses fueron ejecutados tras sufrir graves derrotas.

El principal problema de este sistema era que los 104 podían actuar de forma cruel y arbitraria, por lo que un general no tenía forma de saber si sus acciones serían excusadas o si podría ser condenado a muerte tras una batalla o guerra en particular. Sin embargo, en la época de los Bárcidas, gracias al apoyo de la Asamblea Popular, los generales podían escapar a la persecución. Cuando estaban lejos de Cartago, podían actuar esencialmente como monarcas en sus territorios, como hicieron Amílcar, Asdrúbal y Aníbal en España.

El ejército de Cartago era increíblemente exitoso cuando estaba comandado por un general competente. Estos generales solían ser seleccionados para una campaña o guerra concreta y casi siempre procedían de familias de élite. Por lo general, los generales eran autónomos, pero los 104 o los *sufetes* podían ordenar a un general que pidiera una tregua o solicitara la paz. Algunas familias de Cartago también tenían sus propios ejércitos privados, a los que podían recurrir para operaciones en ultramar. Así, un ejército podía tener dos o incluso tres comandantes diferentes, una situación que causaba muchas dificultades. Debido a la presión del mando y a la posibilidad de duros castigos, muchos comandantes fracasados se suicidaban antes que ser juzgados en Cartago. Sin embargo, aún podían ser castigados después de la muerte. Por ejemplo, los 104 crucificaron el cadáver del general Mago en el 344 a. e. c.

El ejército cartaginés estaba formado por infantería pesada y blindada procedente de la ciudadanía. Contaban con entre 2.500 y 3.000 soldados y eran conocidos por sus escudos blancos. Recibían el nombre de Legión sagrada. También se reclutaron unidades de infantería y caballería de los aliados, sobre todo libios e íberos. Se les pagaba por sus servicios, pero no se les podía considerar mercenarios. Además, Cartago empleaba lo que se suele considerar mercenarios, es decir, soldados a sueldo. Los mercenarios procedían de todos los rincones del imperio y de más lejos, como Galia, Iberia, Grecia, Cerdeña y Túnez, por nombrar algunos. Los cartagineses también empleaban a la caballería númida, cuyos hombres llevaban pequeños escudos y lanzaban dardos envenenados. Por supuesto, los númidas desempeñaron un papel crucial en los prolegómenos de la tercera guerra púnica, cuando se opusieron a Cartago. Los cartagineses también contaban con una unidad de mujeres egipcio-libias que montaban carros de combate.

Los cartagineses utilizaban a menudo las armaduras de sus enemigos caídos. Tras las guerras sicilianas, solían utilizar cascos corintios de bronce y armaduras hoplitas pesadas. Sus escudos solían ser circulares, aunque los soldados celtas tenían escudos rectangulares de roble. Los escudos solían estar decorados con diseños de la religión púnica o, en el caso de Asdrúbal Barca, autorretratos. Aníbal llevaba una armadura de bronce dorado que había pertenecido a Amílcar, su padre. Los soldados solían llevar espadas rectas o curvas con una daga de apoyo. Las armaduras y armas variaban mucho debido a los diferentes orígenes de las unidades que componían el ejército cartaginés.

Había arqueros, pero se utilizaban menos que en otros ejércitos contemporáneos. Sin embargo, solía haber arqueros montados sobre los elefantes de guerra. También había honderos, siendo los más famosos los honderos baleáricos, que utilizaban proyectiles de plomo en forma de almendra. El ejército púnico también utilizaba catapultas y ballestas.

Los cartagineses eran famosos por sus elefantes de guerra. Estas enormes criaturas se utilizaban tanto por su efecto psicológico como por su importancia en el campo de batalla. Los elefantes estaban entrenados para embestir, pero podían ser difíciles de manejar. En muchos casos, se daban la vuelta y pisoteaban a los hombres de su propio ejército en lugar de al enemigo. A menudo iban cubiertos de armadura y llevaban lanzas sujetas a la trompa. Los elefantes utilizados eran originarios del norte de

África y se han extinguido. No eran lo bastante grandes como para transportar una estructura sobre sus lomos, sino que llevaban un jinete y un arquero o lanzador de jabalina. Los elefantes solían colocarse delante de la infantería cuando se formaban las líneas de batalla.

Aníbal utilizó el ejército cartaginés con gran éxito en sus campañas de España e Italia. No dependía demasiado de los elefantes de guerra, sino que utilizaba su caballería para flanquear al enemigo. También era un maestro de las emboscadas y fue capaz de pillar a los romanos por sorpresa en varias ocasiones, lo que aprovechó en su beneficio. Aníbal parece haber planeado cada detalle y comunicado sus planes a todas las partes de su ejército para que pudieran trabajar juntos como una unidad y explotar las debilidades de su enemigo.

A pesar de los argumentos de los historiadores griegos y romanos, el ejército cartaginés no era en absoluto inferior debido al uso de mercenarios o a la disposición natural de los propios cartagineses. Aníbal no fue una aberración, sino el producto de un sistema diseñado para mantener una de las mayores potencias del Mediterráneo occidental.

Capítulo diez: Sociedad, economía y religión

La sociedad cartaginesa nació, ante todo, de su origen fenicio. La lengua que hablaban derivaba del fenicio, los dioses a los que rezaban eran, en un principio, dioses fenicios, y su comercio se construía en torno al modelo fenicio. Las ciudades fenicias de Levante eran ante todo culturas marítimas. Cartago parece haber adoptado ese modelo en muchos aspectos, pero los cartagineses se aventuraron en su propio interior en busca de territorio y no dependían de una red de puertos desde los que comerciar. Eran expansionistas en gran medida, lo que no era nada particularmente único en la época y el lugar en que vivían. No estaban interesados únicamente, como algunos han sugerido, en el comercio y la moneda. Los cartagineses tenían conceptos muy agudos del deber, el honor y la lealtad.

Los romanos podían pensar que la idea de la lealtad púnica era ridícula, pero los cartagineses no eran en modo alguno más intrigantes o hipócritas que los propios romanos. Después de todo, fueron los romanos quienes fingieron considerar la paz durante la tercera guerra púnica cuando ya habían enviado un ejército para arrasar Cartago. Puede que los romanos pensaran que los generales cartagineses tenían demasiado poder y rozaban la tiranía, pero pocas generaciones después de la destrucción de Cartago, Roma se vería sacudida por una guerra civil provocada por el dictador vitalicio Julio César.

No obstante, es cierto que los cartagineses explotaban a las poblaciones nativas en su propio beneficio, pero lo mismo ocurría con cada uno de sus vecinos. Siracusa podía pensar que Cartago no tenía derecho a Sicilia, pero fue fundada y poblada por griegos. Los indígenas de Sicilia sufrieron a manos de ambas potencias. Todas las naciones del antiguo Mediterráneo practicaban la esclavitud, y Cartago no fue una excepción.

Representación de Baal Hammon
https://commons.wikimedia.org/wiki/File:Bardo_Baal_Thinissut.jpg

Los principales dioses de Cartago eran Baal Hammon y su consorte Tanit. Baal Hammon era un dios del clima y de la fertilidad. Era el principal de los dioses y a menudo se lo asociaba con el Cronos griego y el Saturno romano. Muchos padres sacrificaban a sus hijos a Baal Hammon.

Derivaba del dios fenicio Baal, de ahí su nombre, mientras que su apellido sigue siendo un misterio. Se convirtió en el dios principal de Cartago tras el fin del vínculo entre Cartago y Tiro.

Tanit estaba estrechamente asociada con la diosa fenicia Astarté y se la consideraba la divinidad cogobernante junto con Baal Hammon. Era diosa de la guerra, madre soltera virginal y nodriza. A veces se la asociaba con la Juno romana como diosa llamada Dea Caelestis. Se la asociaba en ocasiones con la luna creciente. En el arte, a menudo se la representaba desnuda y montando un león o con cabeza de león. También se la asociaba con la paloma, la palmera y la rosa.

El mayor yacimiento descubierto hasta ahora de pruebas de sacrificios de niños cartagineses fue un tofet cerca del templo de Tanit, el tofet de Salambó. Sin embargo, los restos encontrados en el tofet indican niños de edades muy tempranas. Algunos investigadores han sugerido que esto demuestra que se trataba de un lugar de enterramiento de niños que morían por causas naturales, no de sacrificios de niños.

Los cartagineses también adoraban al dios fenicio de la curación, Eshmún, asociado principalmente a la ciudad levantina de Sidón. Su dios principal antes de la ruptura con Tiro era Melqart, al que seguían adorando después. Melqart era el dios principal de Tiro, por lo que se hizo popular en todo el mundo mediterráneo. A menudo se lo asociaba con Heracles, también llamado Hércules, y tenía adoradores en Sicilia, Cerdeña y España.

Aníbal era un fiel seguidor del culto a Melqart. Creía haber tenido una visión enviada por el dios antes de emprender su viaje a través de los Alpes. Soñó con una serpiente gigante que causaba destrucción a su paso y se le dijo que era la destrucción anunciada de Italia.

La diosa fenicia Astarté también era popular. Estaba estrechamente relacionada con Ishtar, una diosa mesopotámica. Se la asociaba con la guerra, el sexo, el poder real, la curación y la caza. A menudo se la representaba como una combatiente a caballo o en la proa de un barco extendiendo el brazo hacia delante; por ello, es muy probable que sirviera de inspiración para los mascarones de proa de los barcos.

En Cartago se veneraba a un dios del trueno, también asociado a la peste, la guerra y la protección. Se llamaba Reshef. Este era un dios muy antiguo que se cree que pasó de Egipto a Canaán, a Fenicia y finalmente a Cartago. Los cartagineses también adoraban a un antiguo dios solar mesopotámico llamado Utu, que proporcionaba justicia y protección a los viajeros. En el siglo IV a. e. c., Cartago adoptó a las diosas griegas Deméter y Perséfone. Adoraban a muchos dioses egipcios, como Bes, Bastet, Isis, Osiris y Ra. En Cerdeña, adoraban a una deidad llamada Sid Babi, que se creía hijo de Melqart.

Cartago gobernaba un imperio ecléctico, y la sociedad cartaginesa lo reflejaba. La élite cartaginesa lo dominaba todo; algunas familias se remontaban a los orígenes de la ciudad o a la ciudad madre, Tiro. Este grupo ocupaba todos los cargos políticos y religiosos importantes. Pero solo representaban una pequeña parte de la población cartaginesa. En Cartago vivían hábiles artesanos, ricos comerciantes, obreros, mercenarios y esclavos. En todas las ciudades bajo control cartaginés había poblaciones de extranjeros que formaban parte del intercambio comercial y cultural que tenía lugar en el Mediterráneo occidental. En su apogeo, la ciudad de Cartago llegó a albergar a 400.000 personas. Era una ciudad cosmopolita que mezclaba lo viejo, lo nuevo, lo rico y lo pobre.

Sin embargo, la mayoría de la gente solo quería conocer las riquezas que albergaba la ciudad. Los escritores romanos la llamaban la ciudad más rica del mundo, y puede que fuera cierto durante un tiempo. Metales preciosos, arte, joyas, cristal, marfil y alabastro entraban y salían constantemente de los grandes puertos de Cartago. La élite era, por encima de todo, asombrosamente rica. De hecho, no era necesario poseer tierras para formar parte de la aristocracia; bastaba con ser extremadamente rico. Por lo tanto, es posible que individuos emprendedores pudieran hacer uso de los vibrantes mercados de Cartago y enriquecerse para luego convertirlo en poder político. Aristóteles pensaba que la preocupación por la riqueza era malsana.

Los aristócratas también controlaban la vida religiosa de Cartago. El jefe de los sacerdotes era también miembro del Senado y formaba parte del Consejo de los 104. Ese cargo increíblemente poderoso solo podía ostentarlo alguien con una gran riqueza y el respaldo de otras familias aristocráticas. Sin embargo, los cargos sacerdotales eran a menudo hereditarios y exigían una vida austera.

Los sacerdotes destacaban por llevar la cabeza rapada. Sin embargo, debido a la destrucción de Cartago en 146 a. e. c., desconocemos cuáles eran los rituales de iniciación de los sacerdotes o si ejercían de por vida. También había mujeres sacerdotisas, pero se sabe muy poco de ellas. Es posible que los sacerdotes participaran en la educación o en el mantenimiento de las bibliotecas de Cartago, pero se trata de especulaciones.

Los ciudadanos eran exclusivamente varones y podían participar en la Asamblea Popular, relativamente impotente hasta el ascenso de los Bárcidas. Sin embargo, los cargos políticos no eran remunerados en Cartago, por lo que cabe preguntarse quién podía permitirse dedicarse a la política y renunciar a un oficio. Los ciudadanos estaban separados en varios grupos, posiblemente familias o si luchaban juntos en una batalla. Sin duda, también había poderosos gremios comerciales en la ciudad. Estos grupos celebraban banquetes con regularidad, donde discutían asuntos importantes y disfrutaban de la compañía de los demás. A diferencia de otras sociedades antiguas, los cartagineses no debían realizar el servicio militar, salvo los miembros de la Legión Sagrada.

A pesar de algunos casos mencionados anteriormente, los cartagineses, por regla general, no recurrían a la rebelión muy a menudo. Existen muchas teorías al respecto. Lo más probable es que, dado que Cartago fue relativamente próspera durante gran parte de su historia, la población nunca se sintiera especialmente motivada para desafiar a la oligarquía que la gobernaba. Es posible que los ciudadanos ni siquiera tuvieran que pagar impuestos, por lo que no se les exigía mucho. Podían trabajar y ganar lo suficiente para vivir con bastante comodidad, por lo que nunca sintieron la necesidad de derrocar al gobierno que les protegía. Además, se ha sugerido que, dado que los cargos políticos no eran remunerados y el servicio militar no era obligatorio, los cartagineses no habrían sabido realmente cómo efectuar cambios, aunque lo hubieran deseado. Por supuesto, esto es, de nuevo, solo especulación. Dado que carecemos de registros de la historia cartaginesa escritos por las propias manos de los ciudadanos, desconocemos la naturaleza exacta de las luchas a las que podría haberse enfrentado la ciudadanía.

Cartago era sin duda una sociedad dominada por los hombres. Las mujeres no podían ser ciudadanas, y las inscripciones que se refieren a ellas suelen mencionarlas en relación con su padre o marido. Las mujeres carecían no solo de voz en la historia cartaginesa, sino también de nombres.

En Cartago había muchos artesanos, trabajadores del metal, alfareros y vidrieros. Las materias primas podían proceder de diversos lugares del imperio, pero se les daba forma y moldeaban dentro de los muros de la capital. Los artesanos fabricaban armas, estatuas y pilares. Fabricaban telas y las teñían de la famosa púrpura. Muchos trabajadores vivían en el mismo barrio, en un distrito de alfareros o en un cónclave de metalúrgicos. Los talleres utilizaban mano de obra ciudadana y esclavos. Cartago era famosa por las máscaras sonrientes de ojos grandes que producía.

Igual de importantes eran los marineros, estibadores y porteros que trabajaban en los distintos puertos y a bordo de las enormes flotas de barcos comerciales que viajaban de puerto en puerto dentro y fuera del imperio. Había cocineros, escribas, tenderos, médicos y pescadores en todos los rincones del Imperio cartaginés. También había intérpretes que ayudaban a los extranjeros y a los de lengua púnica a hacer negocios.

Los esclavos eran una parte normal de la sociedad cartaginesa. Se utilizaban en el campo y en la ciudad para tareas serviles e importantes; incluso sirvieron en la armada durante la segunda guerra púnica. Los ciudadanos no podían convertirse en esclavos, como ocurría en Roma. Pero los esclavos podían ser libres, aunque lo más probable es que nunca disfrutaran de las ventajas de ser ciudadanos. Los esclavos gozaban de autonomía general y dirigían negocios para sus amos. Las inscripciones cartaginesas indican que los esclavos podían acumular su propia riqueza, ya que algunas inscripciones fueron pagadas por esclavos. Al final de la tercera guerra púnica, los esclavos fueron liberados para ayudar a proteger la ciudad condenada.

Quizá el mayor éxito de Cartago fue su comercio. Al igual que sus antepasados fenicios, los cartagineses se centraron especialmente en establecer redes comerciales por todo el Mediterráneo para acumular riqueza. Eran famosos por su capacidad para vender cualquier cosa a cualquier persona a un precio que les reportara beneficios. La ubicación de Cartago se debió probablemente a su excelente puerto y al hecho de que se encontraba en dos rutas comerciales increíblemente importantes. Una iba de España a Levante y la otra del norte de África a Sicilia e Italia. Estar en un lugar así significaba que Cartago tal vez estaba destinada a la prosperidad, pero los cartagineses no se conformaron solo con eso. Desde la fundación de la ciudad, se embarcaron en expediciones comerciales por todo el Mediterráneo e incluso por el Atlántico. Establecieron rutas comerciales desde el norte de África hasta Cerdeña, España, Córcega, Malta, Chipre y Sicilia.

Gracias a la expedición de Hannón el Navegante por la costa occidental africana, Cartago pudo comerciar con los pueblos indígenas de África occidental y, posiblemente, hasta Gran Bretaña, si nos atenemos a la historia de Himilcón. Estos territorios proporcionaron a Cartago gran cantidad de bienes importantes, ninguno más importante que la plata, que era la moneda estándar de la Antigüedad. Cartago siguió lo que se convertiría en la norma de comercio hasta nuestros días. Los cartagineses eran capaces de comprar cosas como metales a precios muy bajos, enviarlos a algún lugar que no tuviera tales recursos naturales y venderlos con un beneficio notable. Mantuvieron esta estrategia durante toda su historia. Y funcionó excepcionalmente bien.

Cartago formó colonias donde se extraían estas materias primas. El único propósito de la colonia era asegurar que el flujo de los productos básicos continuara sin cesar. Las rebeliones y revueltas interrumpían el flujo, al igual que las guerras con enemigos exteriores. Tal vez por eso Cartago resolvía más rápidamente los problemas con la diplomacia y aceptaba pagar multas independientemente de que el resultado fuera justo, ya que era más importante que el comercio continuara.

Los cartagineses no solo exploraron el mar; también se sabe que establecieron rutas comerciales a través del Sáhara. Asimismo, comerciaron con Grecia, Egipto, los reinos helenísticos y Roma. ¿Acaso había un lugar mejor para vender plata y bronce que lugares como Grecia, que dependía de la plata y el bronce, pero tenía muy poca en su propio país? Los cartagineses aparecían por todas partes. Comerciaban en los mercados de Atenas, Roma, Delos, Rodas y Siracusa. Vendían sus mercancías en Tiro, Sidón y Biblos, convirtiéndose en el niño que gana a su padre en su propio juego.

Las monedas cartaginesas son de especial interés para los investigadores, ya que son uno de los pocos artefactos de Cartago que se conservan. En tiempos de bonanza, las monedas cartaginesas eran de oro, plata, electrum (una combinación de oro y plata) y bronce. En tiempos difíciles, las monedas eran de bronce, aunque parece que a los soldados siempre se les pagaba en bronce. También parece que el comercio no solo lo llevaban a cabo particulares, sino también el Estado. La poderosa armada cartaginesa se utilizaba para proteger los barcos comerciales y las rutas comerciales. Si la armada encontraba un barco extranjero en lo que se creía que eran aguas exclusivamente cartaginesas, ese barco era hundido. Lo mismo ocurría con los piratas.

Lo más probable es que los cartagineses comerciaran con una gran variedad de artículos. Este hecho se utilizó con efectos cómicos en una obra griega, en la que se dice que un personaje cartaginés, Hanno, llevaba un cargamento de pipas, correas de zapatos y panteras. Los cartagineses comerciaban con oro, estaño, plata, cobre, plomo, hierro, lana, ámbar, marfil e incienso. También comerciaban con esclavos. Eran conocidos por sus artículos de lujo, como obras de arte, tejidos, muebles, alfombras y cojines. Asimismo, comerciaban con aceitunas, aceite de oliva, pescado salado, vino, granadas, nueces, hierbas y especias. El problema, por supuesto, era la competencia. Como consecuencia de la competencia, perdieron la guerra de Sicilia y luego las guerras púnicas, y lo perdieron todo.

Conclusión

La historia de Cartago es la de una ciudad que alcanzó grandes alturas para luego caer de ellas. Sin embargo, su completa destrucción a manos de Roma no descarta su dominio del Mediterráneo occidental durante siglos.

Quizá el mejor ejemplo de su historia sea el cartaginés más famoso de todos: Aníbal Barca. Aníbal, que era inteligente y orgulloso, asumió tareas que parecían imposibles, pero las llevó a cabo y siguió cosechando victorias. Sin embargo, Aníbal finalmente se encontró con Escipión y perdió en una sola batalla todo lo que su familia había construido y todo lo que Cartago había ganado a través de largos años de lucha y perseverancia. Es lo que está escrito en cada lápida y en cada esfera de reloj: todas las cosas llegan a su fin. Y al igual que Roma supuso el fin de Cartago, también esta se dirigía hacia su propia desaparición.

Aunque la historia de Cartago puede haber acabado mal para cualquiera que se llamara a sí mismo cartaginés, y aunque esa historia se ha ofuscado casi más allá de lo comprensible, todavía hay grandeza que brilla. Todavía existe, en algún lugar de la noche de los tiempos, una gran ciudad de comerciantes, artistas, aristócratas y sacerdotes, y todavía hay puertos llenos de barcos que se adentran en el oscuro mar destinados a hacer fortuna.

Vea más libros escritos por Enthralling History

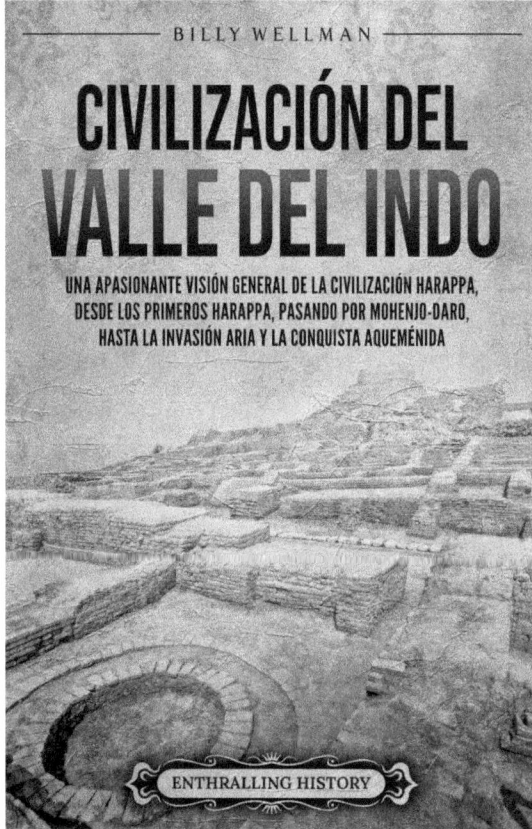

BILLY WELLMAN

CIVILIZACIÓN DEL VALLE DEL INDO

UNA APASIONANTE VISIÓN GENERAL DE LA CIVILIZACIÓN HARAPPA,
DESDE LOS PRIMEROS HARAPPA, PASANDO POR MOHENJO-DARO,
HASTA LA INVASIÓN ARIA Y LA CONQUISTA AQUEMÉNIDA

ENTHRALLING HISTORY

Trabajos citados

Battle of Ticinus, de noviembre de 218 BC, 31 de marzo de 2002, http://www.historyofwar.org/articles/battles_ticinus.html. Consultado el 22 de noviembre de 2022.

23 de noviembre de 2022.

"Ancient Carthage | World Civilization". *Lumen Learning*, https://courses.lumenlearning.com/suny-hccc-worldcivilization/chapter/ancient-carthage/. Consultado el 13 de noviembre de 2022.

"Ancient Tyre". *World Monuments Fund*, https://www.wmf.org/project/ancient-tyre. Consultado el 4 de noviembre de 2022.

Cartwright, Mark. "Carthaginian Society". *World History Encyclopedia*, 16 de junio de 2016, https://www.worldhistory.org/article/908/carthaginian-society/. Consultado el 25 de noviembre de 2022.

Cartwright, Mark, and Alexander van Loon. "Carthaginian Army". *World History Encyclopedia*, 8 June 2016, https://www.worldhistory.org/Carthaginian_Army/. Consultado el 25 de noviembre de 2022.

Corinne, Bonnet. "Religion, Phoenician and Punic". *Oxford Classical Dictionary*, Oxford University, 30 05 2020, oxfordre.com/classics. Consultado el 3 de noviembre de 2022.

Cremin, Aedeen, editor. *The World Encyclopedia of Archaeology: The World's Most Significant Sites and Cultural Treasures*. Firefly Books, 2007.

"The First Punic War". *Dickinson College Commentaries*, https://dcc.dickinson.edu/nepos-hannibal/first-punic-war. Consultado el 18 de noviembre de 2022.

Heródoto. *El Heródoto de referencia: Las Historias.* Editado por Robert B. Strassler, traducido por Andrea L. Purvis, Knopf Doubleday Publishing Group, 2009.

Hunt, Patrick, and E. Badian. "Battle of the Trebbia River | Roman-Carthaginian history". *Encyclopedia Britannica,* https://www.britannica.com/event/Battle-of-the-Trebbia-River. Consultado el 22 de noviembre de 2022.

Justino, Marco Junio y Justino. *Epítome de la Historia Filípica de Pompeyo Trogo.* Editado por R. Develin, traducido por J. C. Yardley, Scholars Press, 1994.

Liver, J. "The Chronology of Tyre at the Beginning of the First Millennium B.C.". *Israel Exploration Journal,* vol. 3, no. 2, 1953, pp. 113-120. *JSTOR,* http://www.jstor.org/stable/27924517. Consultado el 4 11 2022.

Merideth, C. "Northwestern Iberian Tin Mining from Bronze Age to Modern Times: an overview". *Archive ouverte HAL,* 21 March 2019, https://hal.archives-ouvertes.fr/hal-02024038/document. Consultado el 13 de noviembre de 2022.

Miles, Richard. *Carthage Must Be Destroyed: The Rise and Fall of an Ancient Civilization.* Penguin Publishing Group, 2012.

Paton, W. R., translator. *The Complete Histories of Polybius.* Digireads.com, 2009.

"Phoenix | Facts, Information, and Mythology". *Encyclopedia Mythica,* 3 March 1997, https://pantheon.org/articles/p/phoenix2.html. Consultado el 3 de noviembre de 2022.

"Punic". *U-M Library Digital Collections,* https://quod.lib.umich.edu/d/did/did2222.0003.974/--punic?rgn=main;view=fulltext;q1=Paul+Henri+Dietrich%2C+baron+d++Holbach. Consultado el 8 de noviembre de 2022.

Quinn, Josephine. *In Search of the Phoenicians.* Princeton University Press, 2019.

Sasson, Jack M. "The Phoenicians (1500–300 B.C.) | Essay | The Metropolitan Museum of Art | Heilbrunn Timeline of Art History". *Metropolitan Museum of Art,* https://www.metmuseum.org/toah/hd/phoe/hd_phoe.htm. Consultado el 2 de noviembre de 2022.

Sullivan, Richard E. "Hieron II | tyrant and king of Syracuse". *Encyclopedia Britannica,* https://www.britannica.com/biography/Hieron-II. Consultado el 18 de noviembre de 2022.

Tucídides. *El emblemático Tucídides: Guía completa de la Guerra del Peloponeso.* Editado por Richard Crawley and Robert B. Strassler, traducido por Victor Davis Hanson y Richard Crawley, Free Press, 1998.

Torr, Cecil. "The Harbours of Carthage". *The Classical Review,* vol. 5, no. 6, 1891, pp. 280-284. *JSTOR,* http://www.jstor.org/stable/693421. Consultado el 11 11 2022.

Urbanus, Jason. "Masters of the Ancient Mediterranean". *Archaeology,* vol. 69, no. 3, 2016, pp. 38-43. *JSTOR,* http://www.jstor.org/stable/43825141. Consultado el 07 11 2022.

Wolters, Edward J. "Carthage and Its People". *The Classical Journal,* vol. 47, no. 5, 1952, pp. 191-204. *JSTOR,* http://www.jstor.org/stable/3293326. Consultado el 7 11 2022.

www.ingramcontent.com/pod-product-compliance
Lightning Source LLC
LaVergne TN
LVHW051751080426
835511LV00018B/3300